à la
FOLIE

À vous, petites mains de fée.
Aux vergers. Aux cacaotiers.
Aux champs de blé.

ISBN : 979-1-03010-152-2
Dépôt légal : novembre 2016
Achevé d'imprimer en octobre 2016
Imprimé en Slovénie

Tana éditions, un département d'Édi8
12, avenue d'Italie
75013 Paris
Tél. : 01 44 16 09 00
Fax : 01 44 16 09 01
www.tana.fr

RAPHAËLE MARCHAL

à la FOLIE

60 pâtissiers
et leurs gâteaux signatures

Photographie : David Bonnier et Antoine Pesch
Stylisme : Camille Lefort

PRÉFACE

Manger un gâteau, la chose est tellement innocente. Elle est de celles qui floutent et « nuagent » l'instant, pour le concentrer sur une régression finaude et absolue, toute courte et toute prenante. La chose a grandi. La pâtisserie a mûri. Des gâteaux de boulanger aux bijoux de palace en passant par les pâtisseries de comptoir et les OVNI quasi volants, un phénomène a mis les pâtissiers d'accord : la nature. Celle que l'on gagnera toujours à écouter, dont on dit qu'elle est l'ultime calendrier. Faire une tarte aux framboises avant qu'elles-mêmes ne poussent est la version absurdement sucrée de la charrue avant les bœufs, et c'est bien des années plus tard que le sensé l'emportera.

De chaque pâtissier jaillit, un jour ou l'autre, une part de cuisinier, et naissent dans les gâteaux, des assaisonnements, des infusions, des décoctions. Elle est belle, cette scène sucrée, triomphante dans son honnêteté. En réponse à la saisonnalité, une infinité de façons de s'exprimer.

Certains partent d'un souvenir d'enfance, d'autres d'un classique de la cuisine française, le prochain d'une sculpture, d'une émotion ou d'une chanson, et la place jouit, au gré de la nature, d'une offre inouïe et infinie. Au fil des pages, des pâtisseries de chocolatier, des vergers entiers sur fonds de tartes, des biscuits et gâteaux de voyage enchanteurs, des gâteaux montés minute, des noisettes triomphantes, des régions célébrées et des fruits à leur apogée.

Et puis vient l'après. Le sort du gâteau une fois sorti de la pâtisserie. A-t-on le droit de ne dévorer que le cœur d'un gâteau rond, ou d'enlever le feuilleté haut d'une galette des rois ? De décapiter une religieuse, ou lécher la crème d'une tropézienne pour en laisser le chapeau ? De trimbaler des petits sablés garnis, frêles et graciles, sur un scooter hasardeux par temps pluvieux ? Le travail du pâtissier s'arrête au moment où le gâteau passe la porte, mais qu'en est-il après ? La question leur a été posée, à chacun, et les destins éclatent. Couteau/fourchette, avec les doigts, à la cuillère, dans la rue, avec les deux mains, au lit, à table, à même la boîte ou « très franchement, c'est comme on veut », les gâteaux ont plus d'une vie.

Et puis la vie reprend. Jusqu'au prochain gâteau venu.

SOMMAIRE

ÉCLAIR CARAMEL

CHRISTOPHE ADAM (L'ÉCLAIR DE GÉNIE)

D'un petit éclair, il a construit un empire. Du génie

Au bout de 15 ans chez Fauchon, Christophe Adam n'a plus eu envie de la pâtisserie telle qu'il la connaissait. Une rencontre avec ses futurs associés sera le déclic : les éclairs. Que des éclairs, pour commencer. Il a enlevé tout le superflu qu'il n'aimait plus dans la pâtisserie, pour se concentrer sur un produit frais, beau et simple. Aujourd'hui, 23 boutiques dans le monde sont dans la partie, et elles ont fait de la place aux autres, comme les barlettes, les éclairs glacés et les confiseries. Des créations salées devraient même pointer le bout de leur nez. Breton dedans et dehors, son éclair caramel a été le plus long à dessiner. Des dizaines et des dizaines d'essais, puis une vingtaine de changements de recettes, et la version finale est arrêtée, telle que Christophe la ressent. À la première bouchée, il arrive tout de suite, onctueux et crémeux, suivi par la pâte à choux, et en toute fin, la pointe de sel. Un caramel bien assis dans un gâteau bien posé.

POUR ENVIRON 11 ÉCLAIRS

Temps de préparation : 1 h • Temps de repos : 2 h • Temps de cuisson : 35 min

INGRÉDIENTS

La pâte à choux

55 g d'eau
55 g de lait
55 g de beurre
2 g de sel
2 g de sucre semoule
3 g de vanille liquide
55 g de farine type 55
95 g d'œufs entiers

La crème caramel

1 g de gélatine en poudre
7 g d'eau
90 g de sucre semoule
115 g de crème liquide à 35 % de MG
56 g de beurre
1 pincée de fleur de sel
175 g de mascarpone

Le fondant au caramel

30 g de sucre semoule
20 g de glucose
55 g de crème liquide à 35 % de MG
5 g de beurre demi-sel
240 g de fondant blanc

Montage et finition

10 g de perles de chocolat
10 g de granulés fins en chocolat
Quantité suffisante de scintillant couleur bronze

RÉALISATION

La pâte à choux

Faire chauffer l'eau, le lait, le beurre, le sel, le sucre et la vanille liquide. À ébullition, jeter la farine en une seule fois et remuer vivement à la spatule, hors du feu, jusqu'à ce que la pâte se détache des parois. La mettre dans un batteur muni du fouet. Faire tourner à vitesse moyenne et incorporer les œufs petit à petit. Une fois que le résultat est lisse, homogène et brillant, pocher des éclairs de 11 cm avec une douille à petit four de 15 mm. Mettre le four à 250 °C, l'éteindre, puis enfourner les éclairs. Rallumer le four à 160 °C quand la pâte à choux a gonflé (entre 12 et 16 min). Poursuivre la cuisson une vingtaine de minutes.

La crème caramel

Hydrater la gélatine pendant au moins 5 min dans l'eau. Placer le sucre dans une casserole. Cuire sur feu moyen. Arrêter la cuisson lorsque le caramel devient brun. Déglacer avec la crème chaude. Atttention, il est important que la crème soit chaude afin d'éviter un choc thermique et donc des projections bouillantes. Ajouter le beurre et la fleur de sel. Puis laisser refroidir à 50 °C avant de mettre la gélatine. Verser petit à petit le caramel à 45 °C sur le mascarpone et mélanger au batteur. Débarrasser. Conserver au minimum 2 h au froid avant le dressage.

Le fondant au caramel

Placer le sucre et le glucose dans une casserole. Cuire sur feu moyen. Arrêter la cuisson lorsque le caramel devient brun. Déglacer avec la crème chaude. Cuire à nouveau jusqu'à 109 °C. Ajouter le beurre salé et mélanger. Débarrasser et laisser refroidir. Mélanger le caramel encore chaud au fondant légèrement chauffé, à l'aide d'une spatule. Il est à une bonne température d'utilisation vers 30 °C.

Montage et finition

Dans un récipient fermé, mettre les perles, les granulés chocolat et le scintillant bronze. Secouer l'ensemble pour « habiller » de façon homogène les perles avec la poudre. Garnir l'éclair de crème caramel, puis le tremper dans le fondant caramel que l'on aura fait chauffer jusqu'à obtenir la bonne fluidité. Astuce : il est conseillé de remuer régulièrement son fondant lors de l'utilisation pour éviter qu'une croûte ne se forme à la surface. Parsemer tout de suite de perles et de granulés chocolat bronze.

L'ÉCLAIR
DE GÉNIE
L'ÉCLAIR
DE GÉNIE

POUCHKINETTE

JULIEN ALVAREZ (CAFÉ POUCHKINE)

Nouveau souffle parisien sur une institution russe

Du Peninsula, Julien s'envole et n'atterrit pas dans n'importe quel nid : Pouchkine, seconde peau, s'annonce immense. De nouvelles boutiques, des corners dans les gares et aéroports, une toute nouvelle gamme pâtissière et un renouveau tranchant de l'identité visuelle... Pouchkine passe la seconde avec Julien Alvarez au volant du sucré. La plus discrète en taille et pourtant la plus rayonnante sous la dent, c'est la pouchkinette, petite chouquette au sucre garnie d'une crème ultra-fluide, à la rose, au rhum, au praliné, au caramel... Cette dernière a justement plus d'un tour dans son sac : caramel cuit, fève tonka, Carambar et Werther's original ! La petite adorée du chef, c'est celle au rhum et muscovado, douce et puissante. Ne jamais sous-estimer les tout petits gâteaux...

POUR ENVIRON 50 CHOUQUETTES

Temps de préparation : 1 h 30* • *Temps de repos : 12 h* • *Temps de cuisson : 20 min

INGRÉDIENTS

La pâte à choux

165 g de lait
67 g de beurre
3 g de sel
12 g d'extrait de vanille liquide
7 g d'eau de fleur d'oranger
3 g de sucre vanillé
100 g de farine
170 g d'œufs
Quantité suffisante de sucre grains n° 10

La crème pâtissière (quantité volontairement supérieure)

100 g de lait
12 g de crème fleurette à 35 % de MG
22 g de sucre semoule
1 gousse de vanille
20 g de jaunes d'œufs
6 g de poudre à crème
6 g de farine
6 g de beurre

La crème Madame au muscovado et vieux rhum

1,5 feuille de gélatine
400 g de crème fleurette
50 g de sucre muscovado
90 g de crème pâtissière
30 g de vieux rhum brun

Montage et finition

Quantité suffisante de codineige ou sucre décor
Quantité suffisante de colorant liposoluble en poudre

RÉALISATION

La pâte à choux

Porter à ébullition le lait, le beurre, le sel, l'extrait de vanille, l'eau de fleur d'oranger et le sucre vanillé. Hors du feu, ajouter la farine, remuer énergiquement à l'aide d'une spatule. Dessécher la pâte obtenue sur feu doux de 2 à 3 min. Mettre la pâte obtenue dans la cuve du batteur munie de la feuille. Ajouter les œufs graduellement. Une fois que la pâte à choux est lisse et homogène, mettre la préparation dans une poche munie d'une douille n° 10. Sur une plaque recouverte de papier sulfurisé, pocher des chouquettes d'environ 2 cm de diamètre. Parsemer de sucre grains n° 10. Enfourner à 160 °C durant 20 min. Débarrasser les chouquettes sur une grille à la sortie du four afin de stopper la cuisson.

La crème pâtissière

Placer dans une casserole le lait, la crème, 10 g de sucre et la gousse de vanille grattée. Porter le tout à ébullition. Blanchir les jaunes d'œufs avec le sucre restant, la poudre à crème et la farine. Retirer la gousse de vanille. Verser le liquide chaud sur le mélange blanchi. Remuer. Replacer le tout dans la casserole. Porter à ébullition en remuant constamment pour éviter que le fond n'accroche. Hors du feu, ajouter le beurre. Mélanger, puis débarrasser dans un plat à gratin. Filmer au contact. Réserver au frais.

La crème Madame au muscovado et vieux rhum

Mettre la gélatine dans de l'eau froide. Porter la crème à ébullition avec le sucre muscovado. Ajouter la gélatine essorée. Verser le liquide chaud sur la crème pâtissière et le rhum. À l'aide d'un mixeur plongeant, mixer le tout. Réserver au frais 12 h.

Montage et finition

Monter au fouet la crème Madame. Mettre la préparation dans une poche munie d'une douille de 8 mm de diamètre. Percer chaque chouquette puis garnir de crème Madame.

CHEESECAKE CASSIS ET CITRON JAUNE

NICOLAS BACHEYRE (UN DIMANCHE À PARIS)

« C'est quand même dommage de faire un gâteau aussi bon… et aussi moche »

Sa première année aux États-Unis n'a pas aidé : pour Nicolas Bacheyre, manger un gâteau au fromage, c'était hors de question. Contre-nature à la pâtisserie et même un poil repoussant, il rôde autour sans jamais oser. Jusqu'au jour où il a craqué, et quel craquage ! Il est aujourd'hui son meilleur souvenir de ses deux années passées là-bas, avec le carrot cake. Rentré en France, il se dit « c'est quand même dommage de faire un gâteau aussi bon… et aussi moche », et rêve d'en faire sa version, régressive et gourmande sans perdre en élégance et en équilibre. Il troque le traditionnel coulis de fruits rouges contre une purée de cassis à la française, et apporte une touche de yaourt, pour l'essentielle acidité. La sensation qu'il veut donner, à la première cuillère, c'est celle du fromage blanc à la confiture de cassis, pas encore mélangé. Les deux ne se mélangent pas, on a le sucre et le fruité dans quelques parties de la bouche uniquement, le reste étant totalement sur la douceur et le calme. Arrivent ensuite le biscuit hyper friable, le nappage concentré au cassis et la ceinture de chocolat blanc pour la gourmandise.

POUR 8 CHEESECAKES

Temps de préparation : 2 h 30 • Temps de cuisson : 20 min • Temps de repos/réfrigération : 17 h

INGRÉDIENTS

Le pain de Gênes à la vanille

84 g de pâte d'amandes à 66 % d'amandes
15 g de sucre semoule
94 g d'œufs entiers
27 g de farine de riz
1 g de levure chimique
25 g de beurre doux
½ gousse de vanille

Le confit de cassis

165 g de purée de cassis
270 g de cassis billes (surgelés)
16 g de sucre semoule n° 1
34 g de sucre semoule n° 2
6 g de pectine NH

L'appareil à cheesecake au citron

5 g de gélatine en poudre
30 g d'eau n° 1
175 g de cream cheese (Elle & Vire)
35 g de sucre semoule n° 1
35 g de jaunes d'œufs n° 1
65 g de sucre semoule n° 2
20 g d'eau n° 2
40 g de jaunes d'œufs n° 2
260 g de crème liquide à 35 % de MG
10 g de zestes de citron jaune

Le biscuit reconstitué

130 g de beurre doux
130 g de sucre roux
1,5 g de sel fin
32 g de poudre d'amandes
97 g de poudre de noisettes
110 g de farine de riz
20 g de beurre de cacao
75 g de chocolat blanc

Le glaçage cassis

56 g de purée de cassis
38 g de glucose
540 g de nappage neutre
310 g d'eau
47 g de sucre semoule
9 g de pectine NH
Quantité suffisante de colorant rouge
Quantité suffisante de colorant bleu

Montage et finition

Quantité suffisante de chocolat blanc
Quantité suffisante de cassis frais
Quantité suffisante de fleurs

CHEESECAKE CASSIS ET CITRON JAUNE

NICOLAS BACHEYRE (UN DIMANCHE À PARIS)

RÉALISATION

Le pain de Gênes à la vanille

Dans la cuve d'un batteur munie de la feuille, mélanger la pâte d'amandes avec le sucre à vitesse moyenne, jusqu'à ce que le sucre soit bien dissout. Ajouter environ 1/3 des œufs entiers. Une fois que les œufs sont complètement mélangés, changer la feuille pour un fouet. Ajouter progressivement les œufs restants et fouetter à une vitesse moyenne jusqu'à obtention d'un beau ruban. Astuce : l'appareil doit retomber comme un ruban lorsque on le soulève à l'aide d'une Maryse. Retirer du batteur et terminer le reste du mélange à la main à l'aide d'une Maryse. Ajouter la farine de riz et la levure chimique tamisées. Mélanger délicatement afin de conserver un maximum d'air, pour que le biscuit reste moelleux après cuisson. Terminer par verser le beurre préalablement fondu avec la gousse de vanille fendue et grattée. Mélanger. Étaler l'ensemble sur une plaque de cuisson recouverte d'un papier sulfurisé et d'un cadre Inox afin que l'appareil ne coule pas durant la cuisson. Cuire pendant environ 10 min à 170° C. Une fois la cuisson terminée, placer aussitôt au congélateur et réserver pour la prochaine étape.

Le confit de cassis

Dans une casserole, mettre à chauffer ensemble la purée de cassis avec les cassis billes et le sucre semoule n° 1. À environ 60° C, verser en pluie le mélange sucre semoule n° 2 et la pectine NH, tout en continuant à remuer jusqu'à ébullition complète. Verser aussitôt sur le pain de Gênes et étaler régulièrement sur l'ensemble du biscuit. Placer de nouveau au congélateur pendant 4 h au minimum. Après le temps de repos nécessaire, détailler à l'aide d'un emporte-pièce de 5 cm de diamètre des inserts et les conserver au congélateur jusqu'au montage.

L'appareil à cheesecake au citron

Mettre la poudre de gélatine dans l'eau n° 1. Dans un cul-de-poule, à l'aide d'un fouet, mélanger ensemble, le cream cheese avec le sucre semoule n° 1 et les jaunes d'œufs n° 1 jusqu'à ce que le mélange soit parfaitement homogène. Débarrasser le tout dans un plat ou sur une plaque pouvant aller au four et cuire pendant 40 min à 90° C. Après cuisson, filmer au contact et conserver au réfrigérateur pendant 4 h au minimum. Après le repos nécessaire, faire une pâte à bombe. Pour cela, dans une casserole chauffer le sucre semoule n° 2 et l'eau n° 2 et porter le tout a 120° C. En parallèle, monter au fouet et à vitesse moyenne les jaunes d'œufs n° 2. Verser le sirop de sucre cuit en filet sur les jaunes, tout en continuant à fouetter. Verser aussitôt la gélatine réhydratée qui aura été préalablement fondue au four à micro-ondes. Laisser tourner de 2 à 3 min à forte vitesse. Débarrasser la base avec le cream cheese dans un cul-de-poule et la fouetter énergiquement afin qu'il n'y ait plus de grumeaux. Ajouter la pâte à bombe à ce mélange et fouetter délicatement. Dans la cuve du batteur, monter la crème liquide avec le fouet pour qu'elle soit souple et mousseuse. Mélanger à nouveau le tout délicatement et terminer par les zestes de citron jaune.

Montage du cheesecake

Dans un moule Silikomart professional « Stone », à l'aide d'une poche, remplir d'un tiers chaque alvéole de cheesecake au citron, placer un insert de confit de cassis au centre. Terminer par un disque de biscuit pain de Gênes. Compléter de cheesecake si besoin et placer au congélateur pendant 6 h.

Le biscuit reconstitué

Dans la cuve d'un batteur munie de la feuille, mélanger ensemble à vitesse lente le beurre doux (tempéré) avec le sucre roux et le sel fin. Ajouter progressivement la poudre d'amandes et la poudre de noisettes et terminer par la farine de riz. Mélanger le tout au minimum afin de ne pas trop foisonner la pâte et qu'elle garde sa friabilité. Débarrasser et étaler le tout sur environ 5 mm d'épaisseur sur un papier sulfurisé. Cuire environ 10 min à 180° C (selon le four). Laisser refroidir et placer la pâte au réfrigérateur pendant environ 1 h. Après refroidissement, broyer celle-ci en petits morceaux grossiers et irréguliers. Faire fondre le beurre de cacao avec le chocolat blanc et verser sur les brisures de pâte cuite. Mélanger. Étaler aussitôt sur une feuille de papier sulfurisé sur environ 3 mm d'épaisseur et détailler des ronds de 5 cm de diamètre avant de remettre au réfrigérateur pour 1 h.

Le glaçage cassis

Dans une casserole, chauffer ensemble la purée de cassis, le glucose, le nappage neutre et l'eau à environ 50° C. Verser en pluie le mélange sucre semoule et pectine NH tout en fouettant et porter le tout à ébullition. Ajouter les colorants. Laisser refroidir le mélange à température ambiante et l'utiliser entre 35 et 40° C maximum.

Montage et finition

Démouler les cheesecakes et les placer sur une grille, suffisamment espacés pour les glacer. Verser du glaçage sur les cheesecakes et racler aussitôt à l'aide d'une petite spatule coudée afin d'enlever l'excès de glaçage. Piquer à l'aide d'une pique en bois le gâteau en son centre et le placer sur un biscuit reconstitué préalablement détaillé. À l'aide d'une plaque métallique placée au préalable dans le congélateur et de chocolat blanc fondu (environ 40-45° C) réaliser des bandes de chocolat blanc en choc thermique et les placer aussitôt autour de chaque petit gâteau. Décorer de cassis frais et de quelques herbes, pousses ou même de fleurs.

TARTE VANILLE & CARDAMOME

MICHAEL BARTOCETTI (SHANGRI-LA)

Une sensibilité ultime, presque nue, pour les assaisonnements

Michael est de ceux qui ne croient pas dur comme fer à la balance. À chaque gâteau, il goûte, rectifie, assaisonne, re-goûte, ajuste, comme un cuisinier. Sa pâtisserie est précise, gourmande, logique dans l'équilibre. Les tartes parlent à tout le monde et offrent un champ de possibles infinis. L'interprétation de Michael est une rencontre entre le palace et la street food : une tarte en longueur, à manger avec les doigts. La vanille (un mélange de Bourbon et de Tahiti), prend les narines avant la bouche, à l'image d'une bande-annonce de gâteau. À la première bouchée, c'est le praliné pécan qui attaque, et la vanille qui parfume. Croque derrière la pâte, et s'effrite alors la gavotte. En fin de voyage, la cardamome, incisive, pour le souvenir. Le jeu de textures est infini, de la crème brûlée à la ganache… à la ganache montée. Une tarte qui joue en le cachant, son jeu.

POUR 8 PERSONNES

Temps de préparation : 2 h 30 • Temps de cuisson : 30 min • Temps de réfrigération : 24 h

INGRÉDIENTS

La ganache vanille et cardamome

150 g de crème UHT
1 gousse de vanille de Tahiti
1 gousse de vanille de Madagascar
3 g de cardamome verte
15 g de masse de gélatine (diluer la gélatine en poudre dans cinq fois son volume d'eau)
155 g de chocolat de couverture Opalys de Valrhona
25 g de beurre demi-sel

Le praliné pécan et vanille

100 g de noix de pécan
50 g d'amandes brutes
100 g de sucre semoule
20 g d'eau
1 g de sel fin
1 gousse de vanille de Madagascar

La pâte sablée vanille citronnée

250 g de farine type 45
90 g de sucre glace
2,5 g de charbon végétal
6 g de sel fin
3 g de fleur de sel
190 g de beurre
6 g de jaunes d'œufs
2 gousses de vanille de Madagascar
½ zeste de citron jaune

La crème brûlée vanille de Tahiti

40 g de lait entier
200 g de crème UHT
2 gousses de vanille de Tahiti
50 g de jaunes d'œufs
35 g de sucre semoule
21 g de masse de gélatine

La ganache montée vanille

200 g de crème UHT
2 gousses de vanille de Bourbon
10 g de masse de gélatine
45 g de chocolat de couverture Opalys de Valrhona

Les gavottes croustillantes

330 g d'eau
30 g de beurre
2,5 g de sel
100 g de sucre glace
30 g de farine type 45
4 g de charbon végétal
72 g de blancs d'œufs
1 gousse de vanille

TARTE VANILLE & CARDAMONE

MICHAEL BARTOCETTI (SHANGRI-LA)

RÉALISATION

La ganache vanille et cardamone

Mettre la crème dans une casserole avec les gousses de vanille grattées et la cardamome à 90 °C à couvert durant une dizaine de minutes. Réserver la crème au réfrigérateur, filmer au contact, pendant 24 h. Récupérer la crème, faire bouillir, ajouter la masse de gélatine et chinoiser sur le chocolat fondu en trois fois. Ajouter le beurre à 40 °C en mixant. Laisser cristalliser. Utiliser à température ambiante.

Le praliné pécan et vanille

Torréfier les fruits secs de 6 à 7 min au four à 150 °C. Dans une casserole, cuire le sucre et l'eau à 120 °C. Ajouter les fruits secs, remuer. Le mélange va sabler puis caraméliser. Ajouter le sel et débarrasser sur une toile de cuisson Silpat. Laisser refroidir puis passer au mixeur. Attention, si votre appareil n'est pas assez puissant, le moteur risque de surchauffer. Dans ce cas, il est fortement conseiller de laisser votre mixeur refroidir régulièrement. Astuce : pas le temps de faire un praliné maison ? Une Souris et des Hommes ou Pierre Hermé proposent de très bons pralinés. Ajouter 1 gousse de vanille grattée pour l'aromatiser à la vanille et le tour est joué.

La pâte sablée vanille citronnée

Tamiser ensemble la farine, le sucre glace et le charbon, ajouter les sels et le beurre froid. Sabler tous les ingrédients en première vitesse dans le bol du batteur muni de la feuille. Ajouter les gousses de vanille grattées et les zestes de citron jaune. Ajouter les jaunes, puis pétrir le mélange jusqu'à obtention d'une pâte homogène. Étaler sur 2 mm d'épaisseur à l'aide d'un rouleau à pâtisserie et tailler des rectangles de 15 cm sur 4 cm. Enrouler autour d'un tube en cuivre (8/14,5 cm) chemisé de papier sulfurisé. Cuire à 150 °C pendant 16 min. Une fois refroidie, imperméabiliser la pâte avec le chocolat blanc.

La crème brûlée vanille de Tahiti

Faire bouillir le lait et la crème avec les gousses de vanille grattées et laisser infuser 20 min à couvert. Placer dans un saladier les jaunes et le sucre semoule. Fouetter le mélange jusqu'à ce que celui-ci blanchisse. Faire de nouveau bouillir le lait. Verser 1/3 du lait bouillant sur le mélange jaune et sucre semoule. Fouetter, replacer le tout dans la casserole avec les 2/3 restants. Cuire jusqu'à 90 °C sans cesser de remuer, refroidir rapidement. Mixer à l'aide d'un mixeur plongeant. Réserver au frais.

La ganache montée vanille

Chauffer la crème avec les gousses de vanille grattées, laisser infuser 30 min. Réchauffer la crème, bien avant la première ébullition ajouter la masse de gélatine fondue. Chinoiser et verser en trois fois sur la couverture Opalys fondue. Mixer. Réserver 24 h au frais. Monter au batteur avant utilisation.

Les gavottes croustillantes

Faire bouillir l'eau, le beurre et le sel, verser sur le mélange sucre glace, farine tamisée et le charbon. Une fois que le mélange est homogène, ajouter les blancs d'œufs avec la gousse de vanille grattée. Étaler sur une toile de cuisson Silpat sur une épaisseur d'environ 2 mm. Cuire à 170 °C pendant 20 min environ. Une fois cuites détailler les gavottes en rectangles de 1,5 cm sur 7 cm en vous aidant d'une crêpière et les rouler sur un tube de 2 cm de diamètre.

Montage et finition

Dans les fonds de tartes de la pâte sablée vanille citronnée, dresser la crème brûlée vanille, ajouter la ganache vanille/cardamome, ajouter un peu de praliné pécan, terminer avec la ganache montée vanille. Déposer les gavottes roulées et déguster.

TARTE CITRON MERINGUÉE

YANNICK BEGEL (LES ÉTANGS DE COROT)

Une pâtisserie simple et honnête, en souvenir des cueillettes

En plein dans le cliché « tombé dans les gâteaux quand il était petit », Yannick y a baigné, des cueillettes de myrtilles, fraises et framboises dans les Vosges aux ateliers pâtisserie en famille à la maison. À chaque nouveau dessert, il part d'un fruit brut, ici le citron, et vient coudre autour. La tarte citron est sa référence dégustation : si elle est bonne, il reviendra dans cette pâtisserie-boulangerie. La sienne est acidulée, grasse et croustillante sur la pâte sablée. Le secret pour éviter qu'elle détrempe, c'est le petit pain de Gênes, discrètement glissé entre la pâte et la crème, aux amandes et au citron vert, moelleux comme un coussinet. Vivent les secondes vies des citrons.

POUR 4 PERSONNES

Temps de préparation : 1 h 30 • Temps de repos : 2 h • Temps de cuisson : 2 h 30

INGRÉDIENTS

La pâte sucrée
40 g de sucre glace
60 g de beurre mou
12 g de poudre d'amandes
30 g d'œuf
100 g de farine

La crème citron
90 g d'œufs
88 g de sucre semoule
6 g de Maïzena®
2 citrons jaunes zestés
185 g de beurre
125 g de jus de citron jaune

Le biscuit pain de Gênes citron vert
100 g de pâte d'amandes
2 œufs
33 g de beurre
20 g de farine
1,2 g de levure chimique

Le glaçage
1 feuille de gélatine
112 g de crème liquide
188 g de chocolat blanc Ivoire de Valrhona
Quantité suffisante de colorant jaune
75 g de nappage neutre

La meringue française
25 g de blancs d'œufs
20 g de sucre semoule
20 g de sucre glace

RÉALISATION

La pâte sucrée

Tamiser le sucre sur le beurre, ajouter la poudre d'amandes et mélanger à l'aide d'une spatule. Ajouter l'œuf et mélanger. Tamiser la farine directement sur l'ensemble. Mélanger, sans trop forcer, la pâte. Après 2 h de repos, l'étaler sur 2 mm, la foncer dans un moule et la piquer. Enfourner à 180 °C de 15 à 20 min.

La crème citron

Blanchir à l'aide d'un fouet les œufs, le sucre, la Maïzena® et les zestes. Faire fondre le beurre et le jus de citron dans une casserole puis porter à ébullition. Ajouter le premier mélange et cuire le tout comme une crème pâtissière. Verser la crème citron dans un moule Flexipan ou dans un cercle filmé et surgeler l'ensemble.

Le biscuit pain de Gênes citron vert

Dans un mixeur, placer la pâte d'amandes et mixer quelques secondes. Ajouter les œufs et mixer jusqu'à ce que le mélange soit homogène. Faire fondre le beurre à 45 °C. Tamiser la farine et la levure. Dans le bol d'un batteur muni d'un fouet, placer le mélange œufs/pâte d'amandes. Ajouter le beurre fondu. Laisser tourner jusqu'à ce que le mélange soit homogène. Ajouter la farine et la levure. Laisser tourner jusqu'à ce que le mélange soit monté au ruban : lorsqu'on laisse couler le mélange entre les branches du fouet, celui-ci doit tomber comme un ruban. Cuire dans un cercle similaire à celui de votre fond de tarte à 160 °C pendant environ 10 min.

Le glaçage

Hydrater la gélatine dans de l'eau pendant 15 min. Faire bouillir la crème et la verser en 3 fois sur le chocolat hâché, le colorant et la gélatine essorée. Ajouter le nappage fondu à 70 °C. Passer au chinois et refroidir.

La meringue française

Monter les blancs en ajoutant le sucre semoule en 3 fois. Ajouter le sucre glace. Pocher des petites pointes de meringue à l'aide d'une poche et d'une douille lisse. Cuire 2 h à 80 °C.

Montage et finition

Faire fondre le glaçage à une température de 30 °C. Glacer le disque de crème citron. Enlever l'excédent à l'aide d'une palette. Déposer le biscuit au fond de votre tarte, puis le disque de crème citron. Déposer tout autour les petites meringues et décorer votre tarte à l'aide de chocolat blanc, de citron caviar, etc.

MAD'LEINE BLACK/ORANGE

AKRAME BENALLAL (MAD'LEINE)

La madeleine, un gâteau d'enfance devenu grand

Pour le faire quitter sa cuisine pour un gâteau, il fallait vraiment que ça en soit un sérieux. Un ultime, un qui ne se refuse pas. La madeleine et sa bosse, toute moelleuse et réconfortante, mettent le monde entier d'accord. Et le constat d'Akrame est sérieux : la madeleine est presque plus appréciée par les adultes que par les enfants. Une madeleine de grand adulte, de grand chef également – à laquelle on a appliqué tous les plus jolis codes de la pâtisserie – est née, et pour longtemps. Madeleine au riz au lait et caramel, madeleine au citron et glaçage acidulé, madeleine au chocolat et cœur fondant… À venir même, des madeleines glacées, entre le quatre heures et le cornet à la plage. Si le chef ne devait en retenir qu'une (ce qui d'ailleurs, n'est pas prévu), ce serait celle au citron. Elle se mange à l'envers, pour avoir le glaçage directement sur la langue, acide et rafraîchissant, peu sucré, crissant et résistant. Arrivent ensuite l'infini moelleux du gâteau, l'acidulé du citron, et en toute fin de bouche, pendant un long moment, les zestes de citron qui « pepsent » et durent, après même la madeleine terminée.

POUR 6 MADELEINES MOYENNES

Temps de préparation : 20 min • Temps de repos : 24 h • Temps de cuisson : 12 min

INGRÉDIENTS

L'appareil pour madeleines

60 g d'œuf bio
42 g de sucre semoule
88 g de farine bio
6 g de levure
1,35 g de charbon végétal
24 g de lait bio
23 g de miel de sarrasin
76 g de beurre

L'insert à l'orange

20 g de confiture d'oranges

RÉALISATION

La madeleine

Dans la cuve d'un batteur ou dans un saladier, mélanger l'œuf et le sucre à l'aide d'un fouet, durant 5 min. Incorporer petit à petit la farine, la levure et le charbon végétal. Réserver au frais. Dans une casserole, faire chauffer le lait et le miel jusqu'à frémissement. Retirer du feu et mélanger à la précédente préparation. Y incorporer le beurre fondu.Mélanger le tout. Réserver votre préparation Mad'leine pendant 1 nuit (au minimum) au froid. Mettre dans une poche à douille la préparation, sans mélanger l'appareil. Graisser et fariner légèrement votre moule (sauf si votre moule est en silicone), et le remplir aux trois quarts. Préchauffer le four à 173 °C, puis cuire entre 10 et 15 min.

Montage et finition

Décoller les Mad'leines à chaud du moule. Mettre la confiture d'oranges dans une poche à douille, pour en garnir les Mad'leines !

CAKE À LA FRAISE

NICOLAS BERNARDÉ

« CaKISSime : des cakes tendres comme des baisers »

Papa pâtissier-boulanger, il hésitait entre maître verrier et pâtissier. Il choisit la pâtisserie, tout en continuant le verre en dilettante, souffler du sucre et tirer du caramel rejoignant un peu le geste. Ce qu'il a fait en sucre pour le MOF, il aurait pu le faire en verre. Et les cakes, dans tout ça ? Toute sa vie, il a baigné dedans, le matin, à midi, au goûter, le soir, il voulait même en ouvrir une boutique ! Son tout premier cake était aux fruits confits, puis le pain d'épice de sa grand-mère. Il a trouvé sa voie, et y voit bien plus qu'un vulgaire gâteau de thé. Il les nomme « cakissimes », embrassade entre « cake » et « kiss », parce qu'il voit un bisou dans la tendreté de ce gâteau. Il imagine des déclinaisons pâtissières comme le bûche cake, le cake en boîte, le love cake... Travaillés comme des entremets, les cakes sont intemporels, jouent tous les rôles.

POUR 4 PERSONNES

Temps de préparation : 1 h • Temps de cuisson : 35 min •

INGRÉDIENTS

Le biscuit pain de Gênes

300 g d'œufs (environ 6 œufs)
50 g de sucre semoule n° 1
300 g de pâte d'amandes crue
3 g de sel fin
4 g de zestes de citron
125 g de beurre clarifié
30 g de farine de riz
5 g de levure chimique
150 g de blancs d'œufs
30 g de sucre semoule n° 2

Le coulis de fraises et xanthane

400 g de pulpe de fraise
150 g de sucre semoule
9 g d'alginate
3 g de gomme de xanthane

RÉALISATION

Le biscuit pain de Gênes

Dans le bol du robot coupe, mixer ensemble les œufs, le sucre, la pâte d'amandes, le sel et les zestes. Chauffer au bain-marie à 55° C. Monter la préparation à l'aide du fouet jusqu'à ce que se dessine un ruban lorsque l'on soulève un peu le mélange jusqu'à refroidissement. Faire chauffer le beurre aux alentours de 50° C et l'incorporer à la moitié du mélange à l'aide d'une Maryse. Tamiser la farine et la levure chimique et les ajouter à la seconde moitié du mélange. Monter en neige les blancs d'œufs tout en incorporant le sucre semoule n° 2 progressivement jusqu'à la formation d'un bec d'oiseau. Réunir les trois appareils et les mélanger délicatement. Couler la préparation dans un moule rond de 16 cm de diamètre. Enfourner pour 10 min à 180° C puis descendre le four à 160° C pour 25 min.

Le coulis de fraises et xanthane

Dans une casserole, faire chauffer la pulpe de fraise. Mélanger ensemble le sucre semoule, l'alginate et la gomme de xanthane. Verser en pluie les poudres dans la pulpe de fraise sans cesser de remuer à l'aide d'un fouet et cuire à la goutte. Pour cela, il suffit de poser une goutte du coulis sur une soucoupe, attendre quelques secondes, mettre la soucoupe à la verticale. Si la goutte reste figée, c'est que la préparation est prête. Débarrasser, filmer au contact.

Montage et finition

Détailler au centre du pain de Gênes un cercle. Y placer à l'aide d'une poche à douille le coulis tiède. Placer le cake au réfrigérateur afin que le coulis fige.

Le chef vous conseille d'utiliser une boîte à camembert si vous n'avez pas de moule de 16 cm de diamètre pour le biscuit pain de Gênes.

TONKA CITRON VERT ET NOISETTE

ERWAN BLANCHE ET SÉBASTIEN BRUNO (UTOPIE)

Ce n'est plus une utopie

Amis depuis longtemps, Erwan et Sébastien ont toujours eu envie de faire quelque chose ensemble, et quand leur est venue l'idée de la boulangerie, les gens leur disaient « Bon et pas cher à Paris, c'est une utopie ! ». Pari tenu par les deux utopistes, leur boulangerie est un véritable modèle de cohérence. Utopie fait dans le très bon, à prix gentils. L'association tonka/citron vert a été le point de départ, couplé à une envie de faire un gâteau optimal dans sa forme, sans bords inutiles, pertes de chutes ou parts inégales. À l'œil, on croirait presque que seul le cœur du gâteau a été emporte-piécé, mais il est bien dressé tel quel, sans aucune frustration à la coupe. Le nectar du gâteau. À la première cuillère vient le fondant de la ganache, puis le crunchy du biscuit, et en fin de bouche, le citron vert qui vient et revient… Un idéal de non utopie.

POUR 6 PERSONNES

Temps de préparation : 2 h • Temps de cuisson : 15 à 20 min • Temps de réfrigération : 25 h

INGRÉDIENTS

La pâte sablée
65 g de farine
18 g de sucre glace
8 g de poudre d'amandes
1 pincée de sel
35 g de beurre
20 g d'œuf

Le sablé pressé
130 g de pâte sablée
50 g de praliné noisette
45 g de feuilletine
15 g de beurre

Le crémeux noisette
1,5 g de gélatine en poudre
10 g d'eau
35 g de lait
200 g de praliné noisette
80 g de crème liquide

La ganache tonka
Quantité suffisante de fèves tonka
Quantité suffisante de zestes de citron vert
30 g de crème liquide n° 1
40 g de chocolat blanc
80 g de crème liquide n° 2

Montage et finition
Quantité suffisante de zestes de citron vert
Quantité suffisante de noisettes torréfiées

RÉALISATION

La pâte sablée

Mettre la farine, le sucre glace, la poudre d'amandes et le sel dans un bol. Ajouter le beurre. Sabler le mélange avec le bout des doigts jusqu'à avoir une texture sableuse. Ajouter l'œuf battu en omelette. Mélanger à la main. Lorsque la pâte est homogène, former une boule et filmer au contact. Réserver 1 h minimum au frais. Étaler grossièrement la pâte à l'aide d'un rouleau à pâtisserie sur une feuille de papier cuisson. Enfourner à 180 °C pour 10 à 15 min. À la sortie du four, laisser refroidir sur une grille.

Le sablé pressé

Concasser la pâte sablée en morceaux. Ajouter le praliné et la feuilletine. Incorporer le beurre fondu. Mettre directement dans un moule de 12 cm sur 16 cm. Réserver au frais pour que le mélange solidifie.

Le crémeux noisette

Faire gonfler la gélatine dans de l'eau froide. Faire bouillir le lait. Ajouter la gélatine réhydratée dans le lait. Incorporer le tout au praliné. Détendre avec la crème. Mixer. Réserver 12 h au réfrigérateur avant de l'utiliser.

La ganache tonka

Faire infuser la fève tonka râpée et les zestes de citron vert dans la crème n° 1. Verser sur le chocolat blanc concassé. Détendre avec la crème liquide n° 2. Réserver 12 h au réfrigérateur. Placer la préparation dans la cuve d'un batteur munie d'un fouet et la monter. Mettre la ganache tonka dans une poche munie d'une douille de 12 cm de diamètre.

Montage et finition

Dresser le biscuit pressé à la palette dans un moule. Pocher le crémeux à la noisette à la douille de 15 en boudins réguliers. Pocher des gouttes de ganache montée tonka à la douille de 12. Enfin râper quelques zestes de citron vert et disposer sur les gouttes de ganache des demi-noisettes torréfiées.

WEDDING CAKE

JONATHAN BLOT (ACIDE MACARON)

Une pâtisserie d'auteur, au bord du déjanté

« Nous les pâtissiers, on passe notre temps à faire des gâteaux qui vont finir en vitrine réfrigérée, c'est comme si un artiste faisait une super toile et qu'il la collait dans une maison de retraite. » Jonathan Blot joue des gâteaux sur le fil, juste le temps de rentrer chez soi et de les engloutir avant qu'ils ne dégoulinent. Il fait les gâteaux comme il aime les manger. La clientèle vient se mouiller, s'exciter chez Acide. Le chef a besoin de sortir de ses gonds, de travailler sur l'harmonie d'une dégustation avec condiment. Sur chaque gâteau, il lui faut un booster, une interactivité, que ce soit des épices, une sauce... Le wedding cake l'éclate, c'est festif et ludique. Il part de l'association caramel et épices, le café et la mangue viennent plus tard, avec les saisons...

POUR 4 PERSONNES

Temps de préparation : 2 h • Temps de cuisson : 22 min • Temps de réfrigération : 4 h 30

INGRÉDIENTS

Le biscuit au spéculoos
50 g de beurre pommade
50 g de vergeoise brune
15 g de sucre semoule
0,5 g de sel
10 g de lait
10 g de jaunes d'œufs
100 g de farine
3 g de levure chimique
2,5 g de mélange d'épices pour spéculoos

La bavaroise au café
3,6 g de feuilles de gélatine
150 g d'eau
20 g de café moulu d'Éthiopie
43,2 g de poudre de lait
45 g de sucre semoule
70 g de beurre de cacao
216 g de crème liquide à 35 % de MG

Le biscuit ravani
90 g de jaunes d'œufs
75 g de sucre semoule n° 1
135 g de blancs d'œufs
30 g de sucre semoule n° 2
60 g de farine type 55
105 g de semoule de blé dur

Le punch au café
1250 g d'eau
3 g de cardamone
150 g de café moulu d'Éthiopie

Le glaçage au caramel
5 g de feuilles de gélatine
200 g de sucre semoule
150 g de crème liquide
150 g d'eau n° 1
13 g de fécule de pommes de terre
25 g d'eau froide n° 2
100 g de chocolat de couverture Ivoire de Valrhona

L'insert au café
3 g de feuilles de gélatine
42,4 g de café moulu d'Éthiopie
288 g d'eau minérale
48 g de mélasse

RÉALISATION

Le biscuit au spéculoos
Mélanger le beurre, les sucres, le sel et le lait. Ajouter le jaune et les autres poudres. Filmer et laisser reposer 30 min au frais. Étaler au rouleau à pâtisserie à 3 mm d'épaisseur. Détailler des cercles de 7 cm de diamètre. Enfourner à 165 °C pour 14 min.

La bavaroise au café
Mettre la gélatine à tremper dans de l'eau froide. Porter l'eau à 90 °C. Verser sur le café et laisser infuser 6 min, filtrer avec une chaussette de cuisine fine. Porter à ébullition le liquide obtenu avec la poudre de lait et le sucre. Verser sur le beurre de cacao. Émulsionner à l'aide d'un mixeur plongeant. Ajouter la gélatine essorée, mixer. Mettre la crème dans un batteur. Fouetter jusqu'à l'obtention d'une crème souple. Ajouter la crème montée à la bavaroise à 30 °C à l'aide d'une Maryse.

Le biscuit ravani
Mettre au bain-marie les jaunes et le sucre n° 1 pour atteindre la température de 55 °C. Monter au fouet. La pâte est prête lorsqu'elle forme un ruban. En parallèle, monter les blancs d'œufs pas trop fermes en ajoutant le sucre n° 2 progressivement. Tamiser la farine et la semoule de blé dur et incorporer à la Maryse en pluie sur le mélange jaune/sucre puis incorporer les blancs. Mettre l'appareil sur une plaque recouverte de papier cuisson. Enfourner à 180 °C pour 8 min.

Le punch au café
Porter à ébullition l'eau et la cardamome concassée. Verser sur le café moulu. Laisser infuser 10 min. Filtrer le café avec une chaussette de cuisine fine.Utiliser le punch à 35 °C.

Le glaçage au caramel
Mettre la gélatine dans de l'eau froide. Mettre le sucre dans une casserole sur feu vif afin de réaliser un caramel à sec. Dès que celui-ci prend une jolie couleur brune, décuire avec la crème et l'eau n° 1 préalablement tempérées à 80 °C. Ajouter la fécule et l'eau n° 2 préalablement diluées ensemble. Porter à ébullition et verser sur le chocolat. Mélanger. Incorporer la gélatine essorée à une température de 60 °C.

L'insert au café
Mettre la gélatine dans de l'eau froide. Mettre le café dans l'eau minérale. Laisser infuser à froid pendant 15 min. Filtrer et presser. Chauffer le jus obtenu avec la mélasse et intégrer la gélatine trempée. Couler dans un moule Flexipan de diamètre 4. Surgeler.

Montage et finition
Prendre 3 cercles de hauteur 25 mm et de diamètre 70 mm, 45 et 25. Les chemiser de bavaroise café. Insérer les inserts de café et le biscuit ravani dans chaque cercle. Refermer et bloquer au grand froid pour 4 h. Démouler. Superposer les 3 tailles les unes au-dessus des autres. Glacer avec le glaçage caramel à une température de 22° C et poser directement sur le biscuit spéculoos. Le chef vous conseille de déguster son gâteau à température ambiante avec une infusion de Cascara de chez Café LOMI.

MACA'LYON

SÉBASTIEN BOUILLET

À force de faire trembler Lyon, il a secoué le Japon

Sébastien Bouillet est un ouragan qui se déverse sur Lyon et environs (l'Asie, voisine), et crée sans arrêt, souvent par hasard. À l'époque où le laboratoire chocolat était encore derrière sa boutique, il passait ses journées devant l'enrobeuse, à habiller bonbons de chocolat et autres curiosités. Traînait là une échelle de macarons au caramel salé, et Sébastien, dans un incontrôlable élan de « vouloir-tout-enrober », en a glissé un dessous, puis deux, puis trois. Au premier croc, l'effet est double : d'abord le craquant de la coque chocolat puis le craquant de la coque du macaron que viennent amortir le moelleux du biscuit et le coulant du caramel. Un mariage tout doux, tout équilibré, tout caressant.

POUR 20 MACA'LYON

Temps de préparation : 30 min • Temps de cuisson : 10 min • Temps de réfrigération/repos : 12 h

INGRÉDIENTS

Le macaron au caramel

L'appareil du macaron

200 g de sucre glace
200 g de poudre d'amandes
85 g de blancs d'œufs n° 1
40 g d'eau
180 g de sucre semoule
60 g de blancs d'œufs n° 2
1 pointe de colorant brun-caramel

Le crémeux caramel

200 g de crème liquide entière
50 g de sirop de glucose
100 g de sucre semoule
60 g de beurre demi-sel

L'enrobage au chocolat

500 g de chocolat noir de couverture
20 macarons au caramel
Quantité suffisante de poudre or

RÉALISATION

Le macaron au caramel

L'appareil du macaron

Dans un saladier, verser le sucre glace et la poudre d'amandes tamisés. Ajouter les blancs d'œufs n° 1 non montés. Mélanger bien. Dans une casserole à fond épais, porter l'eau et le sucre à ébullition. Laisser cuire jusqu'à 121° C. Commencer à monter en neige les blancs d'œufs n° 2 lorsque le sucre atteint 118 ° C. Lorsque le sirop est à 121° C, le verser sur les blancs montés en continuant de fouetter. Laisser tourner le batteur jusqu'à ce que le mélange tiédisse. On obtient une meringue italienne. Incorporer la meringue italienne dans le mélange sucre, amandes et blancs d'œufs en mélangeant bien. Aromatiser de colorant brun-caramel. Mélanger la pâte.

Le crémeux caramel

Dans une casserole, chauffer la crème liquide. Dans une seconde casserole, mettre le glucose et porter à ébullition. Incorporer le sucre en 4 fois : ajouter d'abord un quart du sucre sans mélanger. Laisser le fondre. Ajouter un deuxième quart de la même façon. Renouveler l'opération jusqu'à épuisement du sucre. Une fois que le caramel atteint une belle couleur rousse, attendre l'apparition d'une petite mousse, puis verser la crème chaude. Faire cuire le tout à 103° C. Laisser refroidir à 45° C environ et ajouter le beurre. Mixer bien pour lisser le caramel. Recouvrir d'un film alimentaire au contact et réserver au frais.

Montage et finition

Retourner la moitié des coques sur un plat. Placer la garniture au caramel dans une poche munie d'une douille n° 8 et déposer une noix de garniture sur les coques au caramel retournées. Refermer les macarons avec les coques restantes en pressant. Réserver 1 nuit au frais avant de les enrober de chocolat.

L'enrobage au chocolat

Mettre le chocolat au point afin qu'il soit brillant. Pour cela casser le chocolat noir en petits morceaux. Placer le chocolat dans un bain-marie jusqu'à ce que tout le chocolat soit fondu et à une température entre 50° C et 55° C. Mettre le saladier dans un autre saladier plus large contenant des glaçons. Mélanger sans cesse jusqu'à obtenir une température de 35° C. Retirer le saladier de l'eau froide et continuer de mélanger jusqu'à atteindre une température de 28° C ou 29° C. Une fois cette température atteinte, remettre le saladier dans le bain-marie d'eau chaude afin d'obtenir une température de travail de 31° C ou 32° C. Se placer devant le récipient avec le chocolat mis au point. Placer d'un côté les macarons non enrobés et d'un autre coté une plaque recouverte de papier cuisson. Prendre un macaron dans la main et le plonger dans le chocolat afin de l'enrober puis, avec une fourchette à tremper, reprendre le macaron dans le chocolat. Sortir le macaron et pomper avec la main, en gardant le macaron à la surface du chocolat et en faisant un geste de bas en haut pour enlever l'excèdent de celui-ci. Déposer le macaron en le faisant glisser de la fourchette sur la feuille de papier cuisson. Renouveler l'opération pour tous les macarons. Saupoudrer les macarons de poudre or avant la cristallisation. Laisser cristalliser environ 20 min au réfrigérateur. Une fois le temps de réfrigération écoulé, sortir les macarons du réfrigérateur. Stocker tout de suite dans une boîte hermétique dans un endroit frais et sec.

MADELEINE À PARTAGER

FABRICE LE BOURDAT (BLÉ SUCRÉ)

Il fait dans le bon, le vrai, l'intemporel

Symbole indétrônable du goûter, Fabrice Le Bourdat pousse le vice de la convivialité avec la madeleine géante à partager, ultra-moelleuse et parfaitement fondante. Le sentiment de 4 heures est décuplé, les goûts aussi, la taille permettant une diffusion optimale des goûts. Au couteau ou à la main, dans la longueur puis en petits morceaux, la madeleine géante s'apprivoise comme un cake, brisures sur la nappe et miettes sur les joues. Qu'il s'agisse d'une chouquette à 50 centimes ou d'un wedding cake à 300 euros, Fabrice s'attèle au même exercice : faire bon. « Quand c'est bon, c'est bon, le reste on s'en fout ». La madeleine a malgré elle eu un succès fulgurant et rejoint le club très prisé des incontournables de Blé Sucré, parmi lesquels… les viennoiseries. La madeleine, au même titre que le financier, ne changera jamais. Elle n'a pas bougé d'un cil en dix ans, son irrésistible et crissant glaçage au jus d'orange non plus, et c'est comme ça même que son créateur envisage la pâtisserie, intemporelle, réconfortante, facile.

POUR 4 PERSONNES OU 1 MADELEINE GÉANTE

Temps de préparation : 20 min • Temps de repos : 1 nuit • Temps de cuisson : 25 à 35 min

INGRÉDIENTS

L'appareil de la madeleine
120 g d'œufs
100 g de sucre semoule
35 g de lait
125 g de farine
5 g de levure chimique
160 g de beurre

Le glaçage
300 g de sucre glace
150 g de jus d'orange

RÉALISATION

L'appareil de la madeleine

Battre les œufs avec le sucre afin de blanchir la préparation. Ajouter le lait puis la farine tamisée, la levure et le beurre fondu. Réserver la préparation 1 nuit au frais. Le lendemain, préchauffer le four à 210 °C. Beurrer puis fariner le moule. Verser la pâte dans le moule. Enfourner puis baisser le four à 160 °C pour 25 à 30 min de cuisson. Démouler la madeleine tiède.

Le glaçage

Mélanger le sucre glace et le jus d'orange. Verser sur la madeleine tiède.

TOURBILLON CHOCOLAT

YANN BRYS

Né dans l'œuf, un gâteau signature déjà bien assis

D'un tourbillon, il a fait sa signature, d'abord au citron puis au chocolat. Le geste traditionnel qu'est le pochage, allié à la technique moderne du plateau tournant, incarne bien les différentes influences de Yann. Consultant pour Dalloyau, il cherche sa perle, à Paris, pour s'installer. En attendant, son nom se dessine, ses créations se construisent. Sa pâtisserie est assise sur les fondamentaux (respect des goûts, qualité des matières premières, gourmandises et émotions), et de manière générale, quelque chose se passe à la dégustation. Le tourbillon, spectaculaire visuellement, ne lésine par sur les goûts et sensations : fondant de la crème chocolat, peu grasse et très intense en cacao, puis croustillant du fond de pâte, gourmand et très structurant.

POUR 20 TARTELETTES

Temps de préparation : 2 h • Temps de cuisson : 12 min • Temps de réfrigération : 2 h

INGRÉDIENTS

Crémeux chocolat noir
12 g d'eau
2 g de gélatine en poudre
15 g de sucre semoule
35 g de jaunes d'œufs
260 g de crème liquide
100 g de chocolat de couverture noir à 64 %

Biscuit moelleux amande et noix de pécan
12 g de fécule
50 g de poudre d'amandes
60 g de sucre glace
35 g de noix de pécan
10 g de jaune d'œuf
55 g de blancs d'œufs n° 1
55 g de blancs d'œufs n° 2
30 g de sucre semoule
75 g de beurre noisette

Ganache chocolat à la fève tonka
425 g de crème liquide
1 gousse de vanille
1 g de fève tonka
112 g de sucre semoule
125 g de chocolat de couverture au lait à 40 % de cacaco
215 g de chocolat de couverture noir à 64 % de cacao
30 g de beurre

Palet croustillant
150 g de noisettes hachées
150 g de corn flakes
75 g de pignons de pin
25 g de noix de coco grillée
80 g de purée d'amandes blanches
100 g de gianduja
80 g de chocolat de couverture au lait à 46 % de cacaco
50 g de chocolat de couverture Ivoire à 33 % de cacaco
1 pincée de fleur de sel

Montage et finition
Fils en chocolat
Glaçage au chocolat

RÉALISATION

Crémeux chocolat noir

Verser l'eau froide sur la gélatine pour l'hydrater. Mélanger le sucre avec les jaunes et fouetter. Verser sur la crème chaude et cuire jusqu'à 85 °C. Verser sur le chocolat et la gélatine hydratée. Mixer et laisser refroidir à 4 °C environ 2 h.

Biscuit moelleux amande et noix de pécan

Mélanger la fécule, la poudre d'amandes, le sucre glace et les noix de pécan broyées en poudre. Ajouter le jaune et les blancs d'œufs n°1. Monter les blancs d'œufs n°2 en neige et ajouter le sucre semoule. Incorporer au premier mélange puis ajouter le beurre noisette. Étaler sur une plaque de 40 x 30 cm recouverte de papier sulfurisé. Enfourner à 160 °C pendant 12 min environ. Détailler des disques de 6 cm lorsque le biscuit est froid.

Ganache chocolat à la fève tonka

Chauffer la crème sans ébullition avec la vanille et la fève tonka râpée. Laisser infuser 4 min. Caraméliser le sucre et décuire avec la crème chaude infusée et filtrée. Verser sur les chocolats, ajouter le beurre et mixer. Laisser refroidir à 40 °C. Déposer un disque de biscuit dans des cercles de 8 cm et répartir la ganache sur les biscuits.

Palet croustillant

Faire griller au four, quelques minutes : les noisettes, les corn flakes et les pignons. Mélanger la purée d'amandes et le gianduja fondu puis ajouter les chocolats fondus. Incorporer les fruits secs et les céréales. Ajouter la fleur de sel. Étaler en cercles de 8 cm à l'aide d'un Rodhoïd (environ 35 g par pièce).

Montage et finition

Déposer un disque de ganache sur le croustillant puis pocher en surface le crémeux chocolat. Décorer de fils en chocolat et de points de glaçage.

PAVLOVA

JEFFREY CAGNES (CASSE-NOISETTE)

Et pour la première fois, il s'installe

Imposante et magistrale par sa taille, la pavlova de Jeffrey Cagnes ne s'arrête pas là, juste et aboutie sur tous les goûts. Petit, il tombe amoureux de la pâtisserie en léchant les vitrines de Pascal Caffet à Troyes. « Et puis, il faut être honnête, j'étais un cancre à l'école et il fallait bien que je trouve une voie de garage ». Une voie qu'il va finir par bénir, tant elle l'épanouit. Cette pavlova en est l'incarnation idéale, offrant toutes les gammes nobles du gâteau (le biscuit craquant, la crème aérienne, la meringue à la fois collante et cassante, les framboises fraîches...). Mais ce que le chef adore le plus, c'est l'idée que ce gâteau soit presque impossible à manger. Il faut s'asseoir, le poser sur une assiette, le « casser », de haut en bas, pour l'ouvrir, parce que tout se passe au cœur. Un gâteau qui vole très haut.

POUR 20 TARTELETTES

Temps de préparation : 1 h 30* • *Temps de cuisson : 1 h 25* • *Temps de repos : 1 h 25

INGRÉDIENTS

La meringue
100 g de blancs d'œufs frais
100 g de sucre semoule
50 g de sucre glace

La crème pâtissière vanille
250 g de lait
60 g de sucre semoule
2 gousses de vanille
50 g de jaunes d'œufs
20 g de farine
15 g de Maïzena®

La chantilly mascarpone
400 g de crème fleurette à 35% de MG
125 g de mascarpone
20 g de sucre glace
2 gousses de vanille

La pâte sucrée
100 g de beurre
50 g de sucre glace
200 g de farine
2 g de sel
15 g de poudre d'amandes
40 g d'œufs

La compotée de framboises
200 g de framboises fraîches
50 g de sucre semoule
5 g de pectine NH

Montage et finition
400 g de framboises fraîches

RÉALISATION

La meringue
Mettre les blancs d'œufs et les sucres dans la cuve d'un batteur munie d'un fouet. Battre le mélange. Astuce : la meringue est prête lorsqu'elle reste collée au fouet en formant un bec d'oiseau. Mettre la meringue dans une poche munie d'une douille unie de 20 mm de diamètre. Pocher trois boules de meringue, les unes par-dessus les autres, de la plus grande à la plus petite comme pour former un sapin. Recommencer l'opération jusqu'à épuisement de l'appareil. Enfourner à 110 °C pour 1 h. Laisser refroidir.

La crème pâtissière vanille
Dans une casserole, faire bouillir le lait avec la moitié du sucre et les gousses de vanille préalablement grattées. À l'aide d'un fouet, dans un saladier, fouetter les jaunes et le sucre restant jusqu'à ce que le mélange blanchisse. Ajouter la farine et la Maïzena®. Mélanger. Verser le lait bouillant. Remuer. Remettre dans la casserole sur le feu, sans cesser de remuer, jusqu'à ébullition. Débarrasser dans un plat à gratin. Réserver au frais pour 2 h.

La chantilly mascarpone
Mettre la crème, le mascarpone, le sucre ainsi que les graines des gousses de vanille dans la cuve d'un batteur munie d'un fouet. Battre la préparation jusqu'à obtenir une belle chantilly ferme. Réserver au frais. Astuce : pour réussir une belle chantilly, la crème et le mascarpone doivent sortir du réfrigérateur. S'il fait chaud, ne pas hésiter à mettre la cuve du batteur et le fouet dans le réfrigérateur un peu avant pour qu'elle monte plus facilement.

La pâte sucrée
Mettre dans un saladier le beurre, le sucre glace, la farine, le sel et la poudre d'amandes. Sabler la préparation du bout des doigts. Une fois que la préparation est bien sableuse, incorporer les œufs. Mélanger puis laisser reposer avec un film au contact au frais pour au minimum 2 h. Étaler la pâte à l'aide d'un rouleau à pâtisserie. Détailler des abaisses de pâte à l'aide d'un emporte-pièce rond de 75 cm de diamètre. Enfourner à 160 °C pour 25 min.

La compotée de framboises
Dans une casserole sur feu doux, mettre les framboises et la moitié du sucre. Ajouter, une fois à ébullition, le sucre restant et la pectine préalablement mélangés. Laisser cuire 1 min puis réserver au frais. Astuce : il est important de mélanger la pectine et le sucre avant de l'incorporer dans la préparation sinon la pectine risque de s'amalgamer et de ne pas se dissoudre.

Montage et finition
Sur le disque de pâte sucrée disposer au centre, à l'aide d'une poche, un dôme de crème vanille. Mettre des framboises fraîches sur tout le tour de la pâte sucrée. Au centre sur la crème vanille, faire un petit dôme de compoté de framboises. Pocher joliment la chantilly sur le dessus des framboises et de la compotée. Former un trou à l'aide d'une petite douille dans la meringue et la garnir de chantilly. Enfin déposer la meringue sur le dessert.

TARTE À LA CRÈME

BENOÎT CASTEL (LIBERTÉ)

La boulangerie, plus qu'un état d'esprit, un lieu de vie

De sa formation de pâtissier et boulanger, Benoît Castel retient la dimension humaine du métier, et s'aperçoit que la boulangerie, cette chose du quotidien, rapproche les gens. Son déclic est là, dans sa relation quotidienne aux clients, au-delà de la vente au comptoir. Liberté devient une véritable maison vivante, où s'asseoir, rire et manger des tartes à la crème. La tarte à la crème fait partie de ces gâteaux que tout le monde connaît, mais que personne n'a goûté. Elle est la représentation incarnée du gâteau dans les dessins animés, des querelles au cinéma, mais loge rarement dans les boulangeries. Celle de Benoît, inspirée du souvenir d'enfance fraises et crème fraîche acide au sucre, est exactement telle qu'il l'adore : une pâte sucrée, une crème pâtissière à la vanille et une chantilly aux crèmes Isigny et fleurette. Cette tarte laitière est ludique, légère, amusante. Et tant mieux si à la première bouchée, on s'en met sur le nez.

POUR 8 PERSONNES

Temps de préparation : 1 h 30 • Temps de réfrigération : 2 h • Temps de cuisson : 18 min

INGRÉDIENTS

La pâte sucrée

240 g de beurre pommade
150 g de sucre glace
50 g de poudre d'amandes
80 g d'œufs entiers
1 gousse de vanille
400 g de farine

La crème pâtissière

500 g de lait cru
100 g de sucre semoule
1 gousse de vanille
50 g de fécule
80 g de jaunes d'œufs
30 g de beurre

La crème chantilly

375 g de crème liquide Président bio
375 g de crème épaisse d'Isigny
40 g de sucre glace
½ gousse de vanille

RÉALISATION

La pâte sucrée

Crémer le beurre avec le sucre et la poudre d'amandes. Pour cela, placer les trois ingrédients dans la cuve d'un batteur munie de la feuille. Laisser tourner jusqu'à obtention d'une pommade homogène. Ajouter les œufs avec la gousse de vanille. Mélanger. Ajouter la farine. Mélanger. Lorsque la pâte se détache des parois de la cuve, former une boule er filmer au contact. Réserver au frais pour 1 h au minimum. Étaler la pâte sur environ 3 mm d'épaisseur. Foncer un cercle de 20 cm de diamètre. Faire cuire au four à 160° C pendant 18 min. Après cuisson, refroidir le fond de tarte sur une grille.

La crème pâtissière

Faire bouillir le lait, le sucre et la gousse de vanille grattée dans une casserole. Retirer la gousse de vanille et verser la moitié du liquide sur le mélange de fécule et jaunes d'œufs. Remettre celui-ci dans l'autre moitié restante et faire bouillir pendant 4 min. Ajouter le beurre. Débarrasser dans un plat à gratin. Filmer au contact. Réserver au frais pour 1 h.

La crème chantilly

Monter dans une cuve à l'aide d'un fouet les deux crèmes avec le sucre glace et la vanille grattée. Astuce : la chantilly est prête dès qu'elle tient sur le fouet.

Montage et finition

Détendre la crème pâtissière à l'aide d'une spatule. Mettre la crème dans le fond de tarte puis lisser à ras bord. Pocher en spirale la chantilly à l'aide d'une douille cannelée. Réserver au frais.

TARTE FEUILLETÉE AUX FLOCONS D'AVOINE

GONTRAN CHERRIER

Le gâteau de gamin, dans les mains d'un boulanger passionné

Parisien et fou de Montmartre, Gontran Cherrier ne se voyait pas bien s'installer ailleurs. Boulanger de formation et de passion, Gontran n'envisage aucun gâteau sans y intégrer des farines travaillées et réfléchies, choisies parmi sa gamme infinie. Dans le feuilletage de sa tarte à la crème par exemple, on trouve un peu de farine de seigle, pour le caractère et la couleur, et dans la crème, des flocons d'avoine, une céréale que l'on utilise selon lui que très peu, et qui apporte pourtant une dimension superbe et longue aux goûts. Sa version de la tarte à la crème est particulièrement ronde, peu sucrée, forte en céréales, complètement addictive. Et totalement interdite d'utilisation pendant une bagarre.

POUR 4 À 6 PERSONNES

Temps de préparation : 1 h 30 • Temps de repos : 17 h • Temps de cuisson : 30 min

INGRÉDIENTS

La pâte feuilletée au seigle

250 g de farine type 45
90 g de farine de seigle
135 g d'eau
7 g de sel
85 g de beurre fondu
250 g de beurre froid

Le crémeux aux flocons d'avoine

1 feuille de gélatine
125 g de crème liquide
12 g de flocons d'avoine
35 g de jaunes d'œufs
20 g de sucre semoule
1 gousse de vanille

La chantilly aux flocons d'avoine

2,5 feuilles de gélatine
113 g de flocons d'avoine
250 g de crème liquide à 35 % de MG n° 1
375 g de crème liquide froide à 35 % de MG n° 2
50 g de sucre semoule
2 gousses de vanille
65 g de mascarpone

Le crumble aux flocons d'avoine

100 g de sucre semoule
100 g de farine
100 g de flocons d'avoine
100 g de beurre froid

RÉALISATION

La pâte feuilletée au seigle

Placer les farines, l'eau, le sel et le beurre fondu dans la cuve d'un robot munie du crochet. Une fois que l'appareil forme une masse homogène on obtient la détrempe. Placer cette détrempe sur le plan de travail et former une boule. Filmer et laisser reposer une trentaine de minutes. Pendant ce temps, sortir le beurre froid du réfrigérateur. Le placer dans une feuille de papier sulfurisé. À l'aide d'un rouleau à pâtisserie, taper sur le beurre pour l'aplatir en lui donnant une forme carré de 1cm d'épaisseur environ. Fleurer le plan de travail, c'est-à-dire y saupoudrer une fine couche de farine. Abaisser la pâte pour que celle-ci fasse deux fois la taille du carré de beurre mais garde la même hauteur que celui-ci. Placer le beurre au centre de la détrempe. Rabattre chaque côté et les souder ensemble. Attention, le beurre et la détrempe doivent être à la même température. Abaisser la pâte afin qu'elle soit trois fois plus longue que large. Replier une extrémité de l'abaisse sur elle-même. Replier l'autre extrémité sur les deux premières. L'abaisse doit être pliée en trois parties égales. La tourner à 90 ° afin d'avoir la pliure sur votre droite. Aplatir la pâte dans

TARTE FEUILLETÉE AUX FLOCONS D'AVOINE

GONTRAN CHERRIER

la même forme rectangulaire. Une fois qu'elle forme un long rectangle, la replier en trois parties égales. Le premier tour est réalisé. Placer la pâte filmée au réfrigérateur pour 1 h. Procéder de même pour les trois autres tours. Fariner entre chaque tour si besoin, si la pâte colle au plan de travail. Lors du quatrième tour, abaisser le feuilletage à 4 mm d'épaisseur. Laisser refroidir au réfrigérateur. Mettre le feuilletage sur une grille allant au four. Placer des plots allant au four aux quatre coins de la grille (ex : moules à tartelettes). Remettre une autre grille par-dessus. Cela permettra de donner une épaisseur régulière au feuilletage. Enfourner à 170 °C pour 10 min. Retourner, saupoudrer de sucre glace. Remettre le four à 220 °C, attendre quelques minutes devant le four que le dessus caramélise. Sortir du four, laisser refroidir. Détailler des cercles de 8 cm de diamètre.

Le crémeux aux flocons d'avoine

Hydrater la feuille de gélatine dans un bol d'eau très froide. Dans une casserole, placer la crème, les flocons d'avoine, les jaunes d'œufs, le sucre et la gousse de vanille grattée. Porter le mélange à 85 °C en mélangeant sans arrêt à l'aide d'un fouet. Retirer la casserole du feu et ajouter la gélatine préalablement essorée. Mixer à l'aide d'un mixeur plongeant avant de couler la préparation dans des moules en silicone demi-sphère de 3 cm de diamètre. Placer au congélateur jusqu'au moment de l'utilisation. Compter environ 5 h pour que le produit soit congelé.

La chantilly aux flocons d'avoine

Placer les feuilles de gélatine une à une dans un bol d'eau froide. Infuser les flocons d'avoine dans la crème chaude n° 1 pendant 5 min. Chinoiser et récupérer 190 g de crème. Rajouter de la crème si besoin. Ajouter à la crème, le sucre, la gélatine essorée et la vanille grattée. Chauffer sur feu doux jusqu'à 40 °C. Verser sur la crème froide n° 2 et le mascarpone. Mixer. Placer au frais durant environ 12 h.

Le crumble aux flocons d'avoine

Mélanger les ingrédients jusqu'à obtenir un mélange sableux. Enfourner à 150 °C pour 15 min.

Montage et finition

Monter la chantilly aux flocons d'avoine à l'aide d'un batteur muni d'un fouet. Placer 1 pointe de chantilly sur la pâte feuilletée caramélisée puis, poser le dôme de crémeux aux flocons d'avoine. À l'aide d'une douille cannelée, pocher une grosse rosace de chantilly. Enfin, disposer harmonieusement des morceaux de crumble aux flocons d'avoine.

ÉCLAIR AU CHOCOLAT

NICOLAS CLOISEAU (LA MAISON DU CHOCOLAT)

Une pâtisserie… de chocolatier

Nicolas Cloiseau travaille ses gâteaux exactement comme ses bonbons de chocolat, avec des assemblages de différents crus et origines, et un travail sur les températures et incorporations. L'éclair, emblème suprême de la maison, y est particulièrement plaisant. Nicolas avoue même avoir compris ce qu'était un éclair en arrivant à la Maison du Chocolat, il y a 20 ans ! La plupart sont composés de crème pâtissière nature au cacao en poudre, alors que le sien est un mélange de crème pâtissière et de ganache au chocolat, ce qui lui donne beaucoup plus de légèreté et d'intensité. La recette n'a quasiment pas évolué depuis son arrivée, si ce n'est un peu moins de sucre pour un peu plus de chocolat… La pâte à choux, ni sèche ni cassante mais fine et moelleuse, est réalisée avec de l'eau, des œufs et du lait, ce qui lui donne une couleur blonde et un goût plus rond et plus doux. Au cœur, une crème ni grasse ni collante, réalisée avec les jaunes également, un coagulant souple, et sur le dessus, une ganache pure, sur des notes acidulées de fruits rouges. Le Graal de l'éclair, finalement.

POUR 20 ÉCLAIRS

Temps de préparation : 1 h 30 • Temps de cuisson : 20 à 25 min

INGRÉDIENTS

La pâte à choux

90 g d'eau
90 g de lait entier
70 g de beurre blanc
2 g de sel fin
4 g de sucre semoule
100 g de farine type 55
5 œufs entiers

La ganache au chocolat

220 g de lait entier
200 g de chocolat de couverture Kuruba 60 % de la Maison du Chocolat
120 g de chocolat de couverture Cuana à 74 % de la Maison du Chocolat

La crème pâtissière au chocolat

80 g de jaunes d'œufs
80 g de sucre semoule
40 g de Maïzena®
15 g de poudre de cacao
780 g de lait entier
540 g de ganache au chocolat

Le glaçage chocolat

100 g de lait entier
30 g de sirop de glucose
130 g de chocolat de couverture Kuruba 60 % de la Maison du Chocolat
190 g de pâte à glacer noire

RÉALISATION

La pâte à choux

Porter à ébullition l'eau, le lait, le beurre, le sel et le sucre. Verser en une seule fois la farine préalablement tamisée. Dessécher de 2 à 3 min sur feu vif. Incorporer les œufs un à un jusqu'à obtention d'un mélange lisse et onctueux. Dresser les éclairs de 16 cm de long à l'aide d'une douille unie de 16 mm. Enfourner à 220 °C. Baisser aussitôt le four à 180 °C et cuire de 20 à 25 min. À mi-cuisson entrouvrir le four pour laisser s'échapper la vapeur. Une fois cuits, réserver les éclairs sur une grille.

La ganache au chocolat

Porter à ébullition le lait. Verser sur les chocolats concassés. Mélanger en cercles concentriques pour obtenir une masse lisse et brillante. Réserver.

La crème pâtissière au chocolat

Blanchir les jaunes, le sucre et la Maïzena®. Ajouter le cacao en poudre. Porter le lait à ébullition. Verser une partie du lait sur le mélange pour le détendre. Remettre le tout dans la casserole pour la cuisson. Fouetter énergiquement jusqu'à épaississement de la crème. Porter à ébullition pendant 1 min. Incorporer la ganache. Mélanger. Réserver au froid.

Le glaçage au chocolat

Porter le lait et le sirop de glucose à ébullition. Verser sur le chocolat de couverture concassé et la pâte à glacer. Mélanger jusqu'à obtention d'un mélange lisse et brillant. Utiliser le glaçage à 45 °C.

Montage et finition

Percer le dessous des éclairs en trois points. Garnir de 70 à 75 g de crème à l'aide d'une poche à douille de 0,6 mm. Glacer le dessus de l'éclair avec la ganache au chocolat.

ÉCLAIR CITRON MERINGUÉ

GRÉGORY COHEN (MON ÉCLAIR)

Une pâtisserie minute et sur-mesure

D'une idée naît une obsession : coupler les deux lubies de Grégory Cohen, les desserts à l'assiette et le finger food. L'éclair s'impose tout seul comme réceptacle idéal aux composantes de la pâtisserie, la pâte à choux, le crémeux ou la ganache, l'insert (confit/marmelade/praliné), le topping… Avec comme fils directeurs de respecter les « vraies » saisons, chaque fruit ne durant pas réellement trois mois, le bio, même sur les matières sèches, et les farines alternatives (riz et maïs), pour un résultat léger et croustillant. Quelques recettes ont été pré-élaborées par le pâtissier, notamment son chouchou, le citron meringué, le best-seller, chocolat/praliné, le petit dernier, abricot/romarin/pistache. Les autres naissent à la minute, les clients s'offrant la liberté de les composer eux-mêmes. Un champ de possibles infinis…

POUR ENVIRONS 20 ÉCLAIRS

Temps de préparation : 2 h • Temps de repos : 6 h 30 • Temps de cuisson : 1 h 30

INGRÉDIENTS

Le craquelin
70 g de beurre pommade
60 g de cassonade
70 g de farine de riz

La pâte à choux sans gluten
100 g d'eau
100 g de lait
80 g de beurre
2 g de sel
65 g de farine de riz
40 g de farine de maïs
3 œufs

La marmelade au citron
5 citrons jaunes
½ citron vert
½ fève tonka
100 g de sucre pour confiture

La crème citron
2 feuilles de gélatine
2 citrons jaunes
2 œufs
100 g de sucre semoule
70 g de beurre
25 g de crème liquide entière
½ citron vert

Les meringues acidulées
1 blanc d'œuf
60 g de sucre semoule
½ citron vert

Montage et finition
1 citron vert

RÉALISATION

Le craquelin
Mettre le beurre pommade, la cassonade et la farine dans la cuve d'un batteur munie de la feuille. Mélanger l'ensemble jusqu'à ce que la préparation soit homogène. Déposer la préparation entre deux feuilles de papier sulfurisé. Étaler à l'aide d'un rouleau à pâtisserie sur 1 mm d'épaisseur. Placer au frais pendant 30 min. Détailler des rectangles de 13 x 3 cm. Réserver au congélateur.

La pâte à choux sans gluten
Dans une casserole, porter à ébullition l'eau, le lait, le beurre et le sel. Sur feu doux, ajouter la farine de riz et de maïs préalablement tamisées, bien mélanger à la spatule pour dessécher la préparation. Lorsque celle-ci se décolle des parois, retirer du feu et ajouter les œufs un par un. Placer la préparation dans une poche munie d'une douille et dresser des éclairs de 13 cm de long. Déposer un rectangle de craquelin sur le dessus. Enfourner à 200 °C pour environ 30 min.

La marmelade au citron
Couper 1 citron jaune et le ½ citron vert en tranches fines. Les placer dans une casserole d'eau froide et porter à ébullition, retirer l'eau et recommencer l'opération 2 fois afin de les blanchir. Presser les citrons restants afin d'obtenir 300 g de jus. Râper la fève tonka. Dans une casserole, porter à ébullition le jus de citron, les tranches de citron blanchies, le sucre et la fève de tonka en mélangeant à l'aide d'un fouet. À la première ébullition, débarrasser et réserver au réfrigérateur.

La crème citron
Réhydrater les feuilles de gélatine dans de l'eau froide. Presser

me
(mon eclair)

ÉCLAIR CITRON MERINGUÉ

GRÉGORY COHEN (MON ÉCLAIR)

les citrons jaunes afin d'obtenir 120 g de jus. Dans une casserole, placer les œufs et le sucre préalablement blanchis et le jus de citron, porter à ébullition sur feu doux en fouettant continuellement. Hors du feu, ajouter la gélatine essorée. Laisser refroidir à 40 °C. Ajouter le beurre. Mixer au mixeur plongeant et incorporer la crème liquide et les zestes de citron vert. Débarrasser et laisser prendre 6 h au réfrigérateur.

Les meringues acidulées

Monter le blanc d'œuf en neige. Lorsqu'il devient mousseux, ajouter le sucre en 3 fois et continuer de fouetter afin d'avoir une meringue ferme. Ajouter les zestes de citron vert. À l'aide d'une poche munie d'une douille unie, dresser des petites meringues. Enfourner à 100 °C pendant 1 h.

Montage et finition

Ouvrir les coques d'éclairs sur le dessus, les garnir avec la marmelade de citron. À l'aide d'une poche munie d'une douille unie, dresser une rosace de crème citron, déposer quelques meringues acidulées et zester de citron vert.

TITOU

PHILIPPE CONTICINI

« Dans un gâteau, tout est un assaisonnement de tout »

Comme le dit souvent Philippe Conticini, ses gâteaux sont des gros câlins ; en effet, le Titou (surnom de sa femme) est un gros câlin en bouche. Un gâteau tendresse, qui fait vivre au palais des choses avant, après et pendant la dégustation. Le gâteau hume, la crème mousseuse (ultra-foisonnée comme un sabayon) caresse, la passion revient du fond du palais, la fleur de sel dure bien après, les effluves de vanille repassent par le nez... La forme du gâteau, un gros cœur arrondi avec un bourrelet, est la définition exacte de l'amour pour Philippe. Un gros câlin, dodu, rassurant et réconfortant. Dès la première cuillère, ça prend le palais et ça file partout. Le temps de mâche est long, la densité est primordiale, et le biscuit qui « craquouille » et non pas croustille, apporte un fondant essentiel à l'ensemble. La bouche à 37 °C fait tout fondre et se confondre, la compotée mangue-passion assaisonne le biscuit qui lui-même assaisonne la mousse... Des dizaines et des dizaines d'années de travail pour arriver à une telle prouesse.

POUR 7 À 8 PERSONNES

Temps de préparation : 2 h • Temps de cuisson : 16 min • Temps de réfrigération : environ 10 h

INGRÉDIENTS

La compotée mangue et fruit de la Passion
58 g de purée de mangues
40 g de purée de fruits de la Passion
17 g de jus de citron vert
7,5 g de glucose
15 g de sucre semoule n° 1
0,7 g de pectine NH
3 g de sucre semoule n°2

Le croustillant au fruit de la Passion
50 g d'amandes blanchies et torréfiées
6 g de sucre glace
30 g de chocolat blanc
3 g de beurre pommade
1 pincée de fleur de sel
17 g de pailleté feuilletine
18 g de graines de fruits de la Passion
2,5 g de poudre de vanille
½ gousse de vanille

Le biscuit noisette
50 g de poudre de noisettes brutes
60 g de jus de pomme réduit n° 1
5,6 g de pâte de pommes
15 g de blancs d'œufs n° 1
25 g de jaunes d'œufs
1,5 g de gousse de vanille Bourbon
2 pincées de fleur de sel
15 g de fécule de maïs
4 g de riz gluant
9 g de farine de châtaigne
3,5 g de levure chimique sans gluten
40 g de beurre de coco
60 g de blancs d'œufs n° 2
17 g de jus de pomme réduit n°2

Le confit d'oranges
65 g de jus d'orange
40 g de sucre semoule
26 g de zestes d'orange

La crème mousseuse vanille et coco

Le sabayon
40 g d'eau
40 g de jaunes d'œufs
13 g de lait en poudre 0 %
8,5 g de glucose

La crème mousseuse
2 feuilles de gélatine
36 g de lait de coco
36 g de lait demi-écrémé
15 g de gousse de vanille
26 g de jaunes d'œufs
110 g de chocolat blanc de couverture
1 pincée de fleur de sel
2,5 g d'arôme de coco grillé (uniquement dans les magasins chinois)
160 g de crème montée
80 g de sabayon

Le velours blanc
80 g de beurre de cacao
80 g d'huile neutre
330 g de chocolat blanc
10 g de dioxyde de titane

Montage et finition
Quantité suffisante de poudre bronze

RÉALISATION

La compotée mangue et fruits de la Passion

Faire chauffer à 30 °C la purée de mangues, de fruits de la Passion, le jus de citron vert, le glucose et le sucre n° 1 dans une casserole. Ajouter la pectine mélangée au sucre n° 2. Mixer la préparation à l'aide d'un mixeur plongeant. Faire bouillir le mélange. À la première ébullition, verser 115 g de compotée dans le premier quart d'un cadre de 15 cm x 20 cm sur une plaque recouverte de film alimentaire. Laisser prendre la compotée 1 h au réfrigérateur puis, la placer au congélateur pendant environ 3 h. Une fois congelée, détailler avec un emporte-pièce de 8 mm plus petit que le moule. Décoller les formes immédiatement et les replacer sans attendre au congélateur. Vous obtenez votre premier insert.

Le croustillant au fruit de la Passion

Mixer les amandes avec le sucre glace dans un robot coupe jusqu'à l'obtention d'une pâte liquide. Ajouter le chocolat blanc fondu, le beurre pommade, la fleur de sel, la feuilletine, les graines de fruits de la Passion, la poudre de vanille et les graines de la ½ gousse de vanille. Mélanger tous les ingrédients. Étaler 115 g de la préparation sur une plaque recouverte

TITOU

PHILIPPE CONTICINI

d'une feuille de papier cuisson et dans un cadre de 15 cm x 20 cm. L'épaisseur doit être de 4 mm. Réserver au congélateur durant minimum 1 h.

Le biscuit noisette

Dans un saladier, mélanger les 11 premiers ingrédients au fouet vivement pendant 30 s. Ajouter le beurre de coco fondu. Monter les blancs d'œufs n° 2 au fouet en ajoutant la deuxième pesée de jus de pomme réduit dès le début du foisonnement. Les ajouter au premier mélange délicatement à l'aide d'une Maryse. Étaler 290 g dans un cadre de 15 cm x 20 cm. Enfourner pour 16 min à 160 °C. À la sortie du four, déposer le croustillant congelé sur le biscuit. Laisser fondre le croustillant qui va se coller au biscuit. Quand le biscuit est froid, le placer quelques minutes au congélateur pour faire durcir le croustillant. Découper le biscuit pour qu'il fasse une taille de 7,5 cm x 10 cm.

Le confit d'oranges

Laver les oranges, puis à l'aide d'un Économe prélever les écorces d'orange en laissant le minimum de blanc, source d'amertume excessive. Plonger les écorces d'orange dans une petite casserole d'eau remplie à moitié. Porter le tout à ébullition pour les faire blanchir. Vider la casserole, en passant le tout à travers une passoire pour récupérer les écorces. Renouveler l'opération deux autres fois. Dans une casserole, faire cuire les écorces d'orange avec le jus d'orange et le sucre, sur feu moyen de 40 à 50 min. Quand l'ensemble est suffisamment réduit (il ne reste plus alors que quelques cuillerées à soupe de jus), mixer le tout à chaud dans un robot. Étaler 30 g de confit froid sur le croustillant.

La crème mousseuse vanille et coco

Le sabayon

Verser tous les ingrédients dans la cuve du batteur. Porter le tout à 60° C au bain-marie. Monter l'appareil dans la cuve du batteur au fouet jusqu'à total refroidissement.

La crème mousseuse

Réhydrater les feuilles de gélatin dans un de l'eau froide. Réaliser une anglaise. Pour cela mettre à bouillir le lait de coco et le lait demi-écrémé avec les graines de vanille. Ajouter le liquide bouillant sur jaunes d'œufs. Mélanger. Reverser le tout dans une casserole et remuer jusqu'à ce que la préparation atteigne 83° C. Verser sur le chocolat blanc et la gélatine. Ajouter la pincée de sel. Mixer 3 secondes à l'aide d'un mixeur plongeant. Ajouter l'arôme coco grillé. Faire refroidir à 21° C. Incorporer la pâte à bombe et la crème montée à l'aide d'une Maryse.

Le velours blanc

Faire fondre tous les ingrédients à 60 °C au bain-marie. Mixer à l'aide d'un mixeur plongeant.

Montage et finition

Dans un moule en forme de cœur de 14,2 cm x 13,7 cm sur 5 cm de hauteur, verser 70 g de crème mousseuse. Poser un insert de mangue et passion. Exercer une légère pression sur la crème mousseuse pour créer une adhérence. Verser par-dessus 150 g de crème mousseuse. Poser par-dessus le deuxième insert de mangue et de passion. Remettre par-dessus un peu de crème mousseuse. Placer le biscuit noisette et le croustillant en exerçant une pression afin de faire remonter la crème sur les côtés. Lisser et enlever l'excédent de crème qui dépasse à l'aide d'une spatule coudée. Placer l'entremets au congélateur pour environ 6 h. Une fois congelé, démouler l'entremets. À l'aide d'un pistolet, floquer l'entremets avec le velours blanc. Finir en soufflant un peu de poudre bronze sur le dessus du gâteau. Attendre 6 h avant la dégustation.

ÉQUINOXE

CYRIL LIGNAC ET BENOÎT COUVRAND (LA PÂTISSERIE)

Des gâteaux d'une grande évidence, par un cuisinier et un pâtissier

Lunaire. Il avait envie d'un gâteau lunaire. D'ordinaire plutôt attaché à la corrélation spontanée entre les goûts et les couleurs du gâteau (framboises rouges, citron jaune), l'équinoxe naît gris, et Cyril adore. Il représente pour lui le mi-chemin idéal entre la tradition (vanille, caramel, spéculoos) et la modernité (poudrage gris). Si le visuel intrigue, les goûts rassurent, protègent, et c'est ce paradoxe qui lui plaît. Les bulles rouges viennent probablement de son côté cuisinier, elles apportent le contraste essentiel à une assiette. Dès la première bouchée, c'est gourmand, la ganache montée est d'une longueur phénoménale, la vanille est fraîche et puissante, le caramel au beurre salé caresse, et le spéculoos prolonge. Un gâteau percutant, au bord du dérangeant, au cœur duquel quelque chose se passe.

POUR 4 PERSONNES

Temps de préparation : 2 h • Temps de repos : environ 26 h • Temps de cuisson : 20 min

INGRÉDIENTS

La pâte à sucre
10 g de beurre
4 g de poudre d'amandes
63 g de fécule de pommes de terre
0,20 g de sel
10 g de sucre glace
6 g d'œuf entier
20 g de farine

Le croustillant praliné et spéculoos
30 g de pâte sucrée cuite
30 g de spéculoos concassés
25 g de praliné noisette à 60 %
8 g de beurre de cacao

Le crémeux caramel
1 g de gélatine en poudre
6 g d'eau pour la gélatine
40 g de sucre semoule
10 g d'eau
1 gousse de vanille
15 g de crème liquide à 35 % de MG n° 1
60 g de crème liquide à 35 % de MG n° 2
30 g de jaunes d'œufs

La ganache montée vanille
5 g de gélatine en poudre
30 g d'eau pour la gélatine
620 g de crème liquide
3 gousses de vanille
140 g de couverture Ivoire de Valrhona
2 g de vanille liquide

Le velours gris (quantité volontairement supérieure)
80 g de couverture Ivoire de Valrhona
100 g de beurre de cacao
0,3 g de colorant noir charbon

Le nappage rouge (quantité volontairement supérieure)
3 g de gélatine en poudre
20 g d'eau pour la gélatine
80 g de nappage neutre
0,3 g de colorant rouge

RÉALISATION

La pâte à sucre cuite

Mélanger le beurre dans un robot muni de la feuille jusqu'à obtenir un beurre pommade. Ajouter la poudre d'amandes, la fécule, le sel et le sucre glace. Bien mélanger puis incorporer l'œuf et la farine.

Dès que la préparation est homogène, former une boule, filmer au contact. Placer la pâte au frais 1 h. Étaler la pâte grossièrement sur une feuille de papier sulfurisé. Enfourner 175 °C pendant 20 min.

Le croustillant praliné et spéculoos

Concasser la pâte sucrée cuite. Mélanger celle-ci aux spéculoos. Ajouter le praliné et le beurre de cacao fondu. Bien mélanger. Mouler dans un cercle de 14 cm de diamètre. Réserver au frais jusqu'à ce que le croustillant soit dur.

Le crémeux caramel

Mettre la gélatine dans l'eau froide. Placer le sucre et l'eau dans une casserole. Cuire sur feu moyen jusqu'à ce que le caramel prenne une jolie couleur brune. Infuser la vanille, grattée et coupée en deux dans le sens de la longueur, pendant 10 min dans la crème n° 1 chaude. Ajouter la crème froide n° 2. Mettre les jaunes d'œufs et le caramel à cuire comme une crème anglaise. Incorporer la gélatine fondue. Mouler dans un Flexiplan de 14 cm de diamètre, surgeler.

La ganache montée vanille

Faire tremper la gélatine dans l'eau froide pendant 20 min. Mettre à bouillir la moitié de la crème et réaliser une infusion avec les gousses de vanille pendant une dizaine de minutes. Chinoiser, puis ajouter la gélatine fondue. Verser la crème bouillante en 3 fois sur la couverture et l'extrait de vanille afin d'obtenir une bonne émulsion. Mixer, puis ajouter l'autre moitié

ÉQUINOXE

CYRIL LIGNAC ET BENOÎT COUVRAND (LA PÂTISSERIE)

de la crème froide. Placer la crème 12 h au frais avant de la monter au batteur à l'aide d'un fouet.

Le velours gris

Faire fondre la couverture puis ajouter le beurre de cacao chaud. Ajouter le colorant noir charbon petit à petit. Mixer au mixeur plongeant. Réserver au frais.

Le nappage rouge

Mettre la gélatine dans l'eau froide au moins 20 min. Faire chauffer le nappage. Ajouter la gélatine fondue puis le colorant. Réserver au frais.

Montage et finition

Dans un cercle de 16cm de diamètre et 4cm de hauteur muni d'un Rhodoïd, mettre le croustillant spéculoos au fond. Appliquer une première couche de ganache vanille, et remonter sur les bords à l'aide d'une palette. Déposer le crémeux caramel. Remettre une nouvelle couche de ganache vanille jusqu'en haut. Lisser à la palette. Surgeler l'entremets pour 12 h minimum. Après congélation, enlever le cercle et le Rhodoïd. Faire fondre le velours gris à 45 °C, appliquer à l'aide d'un pistolet de peinture sur l'entremets congelé. Laisser décongeler l'entremets. Réchauffer le nappage rouge à une température de 25 °C. Appliquer le nappage rouge en faisant des points à l'aide d'une poche.

MILLEFEUILLE

YANN COUVREUR

Une pâtisserie de palace... au comptoir

Plus il a travaillé, plus il a recentré ses gâteaux sur le goût. Pas de superflu, pas de décoration, pas de feuille d'or ni de colorant, Yann Couvreur fait dans les gâteaux qui se mangent. Au comptoir et réalisés minute, c'est la grande nouveauté de sa pâtisserie : des desserts qui ont fait sa réputation à son époque palace, comme le millefeuille, la pavlova ou l'écrin, proposés pour la première fois en boutique. Né, comme toutes les belles histoires d'un hasard particulièrement glouton et bienveillant, ce millefeuille est le fruit d'une anecdocte jolie : Yann, d'origine bretonne, ne savait que faire de ses chutes de pâte à kouign-amann. Au-bon-endroit-au-bon-moment, c'est finalement l'appareil à paninis qui trinque, et quelle réussite !
Son interprétation personnelle et culottée du millefeuille le propulsera au sommet de l'échelle des meilleurs du genre. Des feuilles toutes fines, toutes cassantes et toutes caramélisées garnies d'une crème pâtissière fluide et vanillée minute par Madagascar... irrésistible.

POUR 4 PERSONNES

Temps de préparation : 1 h • Temps de repos : 3 h 30

INGRÉDIENTS

Poudre de vanille
3 gousses de vanille de Tahiti
3 gousses de vanille de Madagascar
3 gousses de vanille des Compores

Kouign-amann
350 g de farine type 45
55 g de farine de blé noir
12 g de fleur de sel
7 g de levure boulangère
370 g de beurre sec
200 g d'eau
255 g de sucre semoule
75 g de sucre muscovado

Crème pâtissière
370 g de lait entier
90 g de jaunes d'œufs
75 g de sucre semoule
20 g de farine
7 g de poudre à flan
100 g de crème montée

RÉALISATION

Poudre de vanille
Faire sécher les gousses, les mixer puis les tamiser.

Kouign-amann
Dans la cuve d'un batteur, verser les farines, puis par-dessus la fleur de sel, la levure, le beurre et l'eau. Mélanger au crochet pendant 6 min à la vitesse 4. Débarrasser la pâte sur une plaque et lui donner une forme carrée. Mettre 30 min au congélateur puis laisser reposer 1 h au réfrigérateur pour la laisser raffermir. Mixer le sucre semoule avec le sucre muscovado de manière à les lier et les affiner. Donner deux tours simples : étaler la pâte et la replier 3 fois sur elle-même en laissant 1 h d'intervalle entre chaque tour. Donner de nouveau deux tours simples en incorporant le mélange des deux sucres (en réserver un peu). Étaler la détrempe à 1 cm d'épaisseur, parsemer du mélange des deux sucres. Réserver au frais quelques minutes, puis rouler et serrer le tout. Passer le boudin au congélateur puis détailler des tranches fines (arlettes) de 3 mm d'épaisseur et de trois longueurs différentes.
Placer les arlettes entre deux feuilles de papier sulfurisé et cuire dans la machine à paninis 1 min à 190 °C environ.

Crème pâtissière
Faire bouillir le lait puis faire infuser la vanille préalablement grattée et les gousses pendant 30 min. Retirer les gousses à la fin de l'infusion.
Blanchir les jaunes avec le sucre semoule, incorporer la farine tamisée et la poudre à flan. Porter de nouveau le lait à ébullition puis l'incorporer au mélange jaune/sucre et mélanger. Remettre le tout sur feu doux et attendre 2 min après ébullition. Ajouter la crème montée à 500 g de crème pâtissière.

Dressage
Réaliser trois traits de crème pâtissière légère côte à côte au milieu de l'assiette et poser délicatement dessus la plus petite des cinq arlettes. Renouveler l'opération avec trois autres arlettes et finir avec la plus grande des arlettes. Saupoudrer avec le sucre glace et parsemer de poudre de vanille sur le millefeuille et l'assiette.

GÂTEAU DE CRÊPES À LA MANGUE

YUELIN CUI ET HENRI BOISSAVY (T XUAN)

T Xuan, la madeleine de Proust chinoise à Paris

T Xuang, c'est avant tout l'histoire de trois étudiants chinois et un étudiant français qui se retrouvent loin de chez eux, sans madeleine de Proust. En Chine, la madeleine c'est le gâteau de crêpes, et pour la première fois à Paris, les expatriés chinois la retrouvent. Suivent, en minorité, les Parisiens curieux qui viennent s'essayer à ce gâteau jamais vu. Yuelin, tout juste diplômée d'un MBA en management de luxe, et Pierre-Henri, gemmologue pour Cartier à Beverly Hills, sont pourtant bien loin des gâteaux. Formation en poche, ils achètent les recettes des gâteaux de crêpes et ouvrent. Meubles rouges et verts en bois traditionnel chinés à Hongkong, porcelaines aux murs, T Xuan est authentique, zen, nécessaire. Le gâteau de crêpes, décliné à la mangue, au matcha ou au durian (connu comme le fruit le plus chaud), se déguste à la cuillère, bien remplie, et disparaît vaporeusement sous la langue, tant l'ensemble est aérien, moelleux, nuageux. Superbe nouvelle recrue parisienne.

POUR 12 PERSONNES

Temps de préparation : 1 h • Temps de repos : 1 h • Temps de cuisson : 30 min

INGRÉDIENTS

La pâte à crêpes

200 g de farine
3 œufs
600 g de lait
20 g de beurre

La crème chantilly

500 g de crème liquide froide à 35 % de MG
50 g de sucre semoule
4 mangues

Le coulis de mangue

Les restes des mangues utilisées pour la crème chantilly
Quantité suffisante de sucre semoule

RÉALISATION

La pâte à crêpes

Mettre la farine dans un saladier. Ajouter les œufs, le lait puis le beurre fondu. Mélanger la préparation. Laisser reposer 1 h. Prendre une poêle d'environ 28 cm de diamètre. Beurrer la poêle. Lorsque celle-ci est assez chaude, déposer des louches de pâte à crêpes jusqu'à épuisement de la préparation. Réserver.

La crème chantilly

Placer la crème liquide ainsi que le sucre dans la cuve d'un batteur munie d'un fouet jusqu'à obtention d'une chantilly ferme. Réserver la chantilly au frais. Faire des lamelles de mangue d'environ 4 mm d'épaisseur. Réserver ces lamelles pour le montage du gâteau.

Le coulis de mangue

À l'aide d'un blender, réduire en purée les morceaux de mangue restants. Ajouter du sucre si besoin.

Montage et finition

Mettre une crêpe dans un plat de service. Étaler de la crème chantilly par-dessus. Répéter l'opération 10 fois en ajoutant des lamelles de mangue après trois épaisseurs de crêpes et de chantilly. Terminer par une dernière crêpe. Verser le coulis de mangue sur le gâteau.

LIPSTICK CLAIR-OBSCUR

CLAIRE DAMON (DES GÂTEAUX ET DU PAIN)

« Que les gens soient stressés ou pas, les framboises arriveront »

Pablo Neruda dans l'âme, Claire Damon se sert des fruits comme d'un calendrier. En période d'agitation sans nom, elle pense aux saisons, s'apaise et se recale « de toute façon, les framboises arriveront ». D'un sublime rapport au temps, elle a ouvert une boutique proche des fruits et des saisons, pleine de jolis matériaux, agréable et surtout pas luxueuse. Son luxe, c'est le temps. Elle se le donne et signe des gâteaux d'un aboutissement abyssal, parfaitement réalisés et chirurgicalement équilibrés. Le lipstick, clin d'œil à la tenue phare de Courrèges (blouson en vinyle et robe mate), a été l'un des premiers à voir le jour. L'entremets du dessus est brillant comme du vinyle et celui du dessous est mat comme la robe. À la première bouchée, le croustillant aux amandes donne le « la », puis la cassonade et la crème d'amandes mousseuse apparaissent, suivies par la crème brûlée à la fleur d'oranger libanaise. Arrive après le café d'Éthiopie acidulé, et le tout joue dans la bouche entre le chaud et le froid, le croquant et le doux, la mousseline, la chantilly et la crème brûlée. Un gâteau qui se comprend en le mangeant.

POUR 8 PERSONNES (2 ENTREMETS DE 4 PERSONNES)

Temps de préparation : 2 h 30* • *Temps de repos : 20 h* • *Temps de cuisson : 32 min

INGRÉDIENTS

La crème pâtissière au café (quantité volontairement supérieure)

130 g de lait
20 g de jaunes d'œufs
1 pincée de sucre semoule
10 g d'amidon de maïs
1 noix de beurre pommade
12 g de café d'Éthiopie

La crème au beurre au café (quantité volontairement supérieure)

30 g de lait
4 g de café moulu d'Éthiopie
180 g de jaunes d'œufs
25 g de sucre semoule n° 1
15 g d'eau
35 g de sucre semoule n° 2
25 g de blancs d'œufs
130 g de beurre pommade

La mousseline au café d'Éthiopie

250 g de crème au beurre
90 g de crème pâtissière

Le croustillant à la vergeoise

70 g de beurre extra-frais
70 g de sucre vergeoise
50 g d'amandes effilées
20 g de farine type 45
1 pincée de fleur de sel

La crème d'amandes

40 g de beurre
40 g de sucre glace
40 g de poudre amandes
30 g d'œufs
16 g de crème pâtissière
6 g de lait
180 g de croustillant à la vergeoise cuit

Le biscuit à la cuillère

40 g de blancs d'œufs
30 g de sucre semoule
25 g de jaunes d'œufs
16 g de fécule
16 g de farine type 45
1 tasse de café expresso (pour imbiber le biscuit)

La crème brulée à l'eau de fleur d'oranger (quantité volontairement supérieure)

1 feuille de gélatine
70 g de lait
100 g de crème
40 g de jaunes d'œufs
25 g de sucre semoule
10 g d'eau de fleur d'oranger

La chantilly au café d'Éthiopie

1 feuille de gélatine
80 g de crème fluide n° 1
20 g de café moulu
160 g de crème fluide n° 2
40 g de sucre semoule

Le glaçage café

½ feuille de gélatine
85 g de crème
140 g de chocolat de couverture Ivoire de Valrhona
15 g de café sidamo d'Éthiopie
60 g de nappage neutre

Le glaçage Ivoire

½ feuille de gélatine
85 g de crème
140 g de chocolat de couverture Ivoire de Valrhona
60 g de nappage neutre

DES GATEAUX ET DU PAIN

DES GATEAUX ET DU PAIN